¿Conoce usted a su Esposa?

¿Conoce usted a su Esposa?

David Hormachea

CENTROS DE LITERATURA CRISTIANA

DE REGRESO AL HOGAR
CORPORACIÓN DE AYUDA A LA FAMILIA

CENTROS DE LITERATURA CRISTIANA
en los paises de habla hispana

Colombia:	**Centros de Literatura Cristiana**
	Correo Electrónico: ventasint@clccolombia.com
	Bogotá
Chile:	**Cruzada de Literatura Cristiana**
	Correo Electrónico: ocomclc@cruzada.tie.cl
	Santiago
Ecuador:	**Centro de Literatura Cristiana**
	Correo Electrónico: clcec@andinanet.net
	Quito
España:	**Centro de Literatura Cristiana**
	Madrid
Panamá:	**Centro de Literatura Cristiana**
	Correo Electrónico: clcmchen@cwpanama.net
	Panamá
Uruguay:	**Centro de Literatura Cristiana**
	Correo Electrónico: libros@clcuruguay.com
	Montevideo
U.S.A.:	**C.L.C. Ministries International**
	Correo Electrónico: orders@clcpublications.com
	Fort Washington, PA
Venezuela:	**Centro de Literatura Cristiana**
	Correo Electrónico: clc-distribucion@cantv.net
	Valencia

¿Conoce usted a su Esposa? por David Hormachea

Copyright © 2006. Todos los derechos reservados de esta edición por David Hormachea.

Esta co-edición es publicada y distribuida bajo convenio especial con David Hormachea, por Centros de Literatura Cristiana de Colombia, Bogotá.D.C., Colombia.

Prohibida la reproducción total o parcial por sistemas de impresión, audiovisuales, grabaciones digitales o cualquier medio, sin permiso de la casa editora.

A menos que se indique lo contrario, las citas bíblicas son tomadas de la Santa Biblia, Versión Reina Valera, 1960 © por las Sociedades Bíblicas Unidas.

Carátula y Diseño Interior: Marcela Granados García
ISBN 958-8217-32-6

Printed in Colombia
Impreso en Colombia

Somos miembros de la Red Letra Viva www.letraviva.com

CONTENIDO

Dedicatoria 7

Agradecimientos 9

Introducción 13

CAPÍTULO PRIMERO
Jesucristo: el amor del Dios-hombre para la despreciada mujer 15

CAPÍTULO SEGUNDO
Prejuicios dolorosos en contra de la mujer 49

CAPÍTULO TERCERO
Un cofre de tesoros llamado Mujer 69

CAPÍTULO CUARTO
Experiencias exclusívas de la mujer que necesitan la compresión del hombre.. 111

CAPÍTULO QUINTO
La difícil responsabilidad de un hombre amoroso 131

CAPÍTULO SEXTO
Una carta de amor para quien juró amor 155

Conclusión 187

DEDICATORIA

Dedicado a mi querida esposa por su fidelidad, respeto y apoyo permanente. Sus virtudes me han instruido y sus palabras de exhortación me han motivado a ver la vida con una perspectiva femenina esencial para ser un hombre más sensible. Sus ideas, perspectivas, y concepción distinta de la vida, me han desafiado para investigar y hacer todo esfuerzo para comprender a una persona totalmente diferente. Sus necesidades y errores, durante una temporada de mi vida y debido a mi ignorancia, me llevaron a actuar erróneamente, pero en general, me han motivado a investigar la Palabra de Dios para saber como reaccionar imitando el modelo divino y como consecuencia, me han dado la oportunidad de enseñar tanto a mujeres como hombres, sobre como tener una relación conyugal saludable.

No ha sido fácil para ella vivir conmigo, ni para mí vivir con ella, pero los grandes desafíos que nos han presentado nuestras diferencias, me permiten hoy ser un mejor hombre y ayudar a miles de personas al identificarse con mis luchas, fracasos, éxitos y enseñanzas.

Mi esposa, ha mostrado la sensibilidad, la disposición a servir, el apoyo permanente, la ternura, femineidad, elegancia, la extraordinaria dedicación maternal, la preocupación por los detalles y la visión panorámica de la vida que caracteriza a las grandes mujeres. Esas cualidades me han permitido conocer a un ser maravilloso, tierno, sensible, fuerte, con grandes virtudes y con gran necesidad de amor. Mi esposa ha sido una buena representante de la fragilidad, los cambios, las tensiones, las frustraciones, y las equivocaciones que experimentan todas las mujeres. Por esas debilidades he sido motivado a conocer el complicado, frágil y cambiante mundo de la mujer y su necesidad de apoyo, comprensión y liderazgo.

Debido a la comprensión de mi esposa y al perdón que me ofrece constantemente, he sido desafiado a trabajar mis defectos. Basado en sus errores, he sido impulsado a aprender a amar y perdonar. Por su exhortación he sido motivado al cambio. Debido a su vida y a nuestra relación conyugal, he sido estimulado a apreciar a la mujer, a investigar su mundo, a comprenderla, y dedicar parte de mi vida para dar a conocer que son personas de valor y dignidad, que para ser felices deben evitar vivir de acuerdo con las ideas cambiantes de la sociedad y aprender a hacerlo conforme a los principios divinos basados en la Palabra de verdad.

Querida esposita, gracias por tantas décadas de compañerismo y apoyo. Gracias por compartir tu vida conmigo. Dios, mis padres y tú, han sido fundamentos esenciales para la edificación de mi vida.

AGRADECIMIENTOS

. . . .

Entre los miles de varones que asistieron a mi conferencia en Colombia, Ricardo fue uno de centenares que hicieron fila para que le firmara uno de mis libros. Muchos me agradecieron por distintas razones, pero la gratitud de Ricardo está grabada en mi mente.

Estas fueron sus palabras: "Después de 19 años de casado, en esta conferencia vine a conocer a mi esposa. Yo no la conocía. Ella se encuentra a miles de kilómetros de distancia, ni sabe que hoy la comprendo más que nunca y que conocí sus intimidades femeninas escuchando las palabras que salieron de la boca de otro hombre. Gracias a usted y a todo su equipo por ayudarnos". Por curiosidad pregunte a Ricardo: "¿Cuántas personas crees son parte de mi equipo?".

Ricardo respondió: "Por lo menos unas cincuenta".

Su respuesta revela la idea que tienen miles de ustedes que ven el alcance del ministerio pero no conocen nuestra realidad. Es que para ayudar a quienes asisten a las conferencias cada año en toda América Latina y los Estados Unidos, a miles que leen los libros y reciben las enseñanzas por medio de discos compactos, videos y programas de radio, Dios ha decidido utilizar a un pequeño equipo de cinco personas.

Aun nuestros recursos económicos son limitados. Tenemos una docena de donantes que nos entregan pequeños aportes y un patrocinador que es un regalo de Dios y cuya ofrenda anual nos permite suplir gran parte de nuestro limitado presupuesto.

El agradecimiento de Ricardo por haber salido de su ignorancia y podido conocer a su esposa es el mismo que recibiré dondequiera vaya de los miles que leerán este libro. Ese agradecimiento se lo traspaso a mi gran equipo. En nombre de Ricardo y miles de personas, gracias a mi director ejecutivo, jefe de producción, de compras, director de personal, fotógrafo, vendedor de productos, director de sistemas, administrador, compañero de viaje, maestro de ceremonias, consejero de familias y amigo Santiago Rydelski.

Gracias a mi asistente, agente de viajes, escritora de libretos, editora, consejera para personas que llaman a la oficina, vendedora, empacadora, y despachadora Elizabeth Ortega. Gracias a mi hijo Jeremy Hormachea, mi director de arte, de televisión, diseñador, conductor, cargador, compañero de viajes y vendedor que se asustó cuando en la gira a Ecuador, cientos de personas se aglomeraron en la mesa de exhibición.

Gracias a mi hijo Christian Hormachea, mi ingeniero de sonido, editor, cargador, camarógrafo, duplicador de discos compactos y discos de video digital, empacador, diseñador y jefe de iluminación. Gracias a mi hermano Moisés Hormachea compañero de ministerio, consejero, y mi pastor asistente en la iglesia "Manantiales de Vida" que tengo el privilegio de pastorear. Por su ayuda y espíritu de siervo, puedo quitar tiempo de la congregación y dedicarlo a servir a millones.

En nombre de Ricardo y miles de personas que después de tener relaciones familiares conflictivas han iniciado su camino DE REGRESO AL HOGAR saludable, doy gracias al pequeño número de donantes y al regalo de Dios que nos ha permitido operar por dos años. Ustedes son realmente una bendición de Dios que me permiten utilizar mis dones para bendecir a millones.

ACKNOWLEDGEMENTS

. . . .

Among the thousands of men whom attended my conference recently in Colombia, Ricardo was one of the hundreds that waited in line for me to sign his book. Many thanked me for various reasons, but Richard's acknowledgement has stayed with me.

These were his words: "After 19 years of marriage, through this conference, I am finally getting to know my wife. I had never really known her. She was a thousand miles away, but right in front of me. Today I understand more than ever her feminine wants and needs . . . and I learned it from another man! Thank you and your team so very much".

Out of curiosity, I asked Ricardo; "How many people do you think are part of our ministry team"? Ricardo answered; "At least 50 people". Ricardo's answer echoes the thoughts of many that have been helped by our ministry, but they are very different from our reality.

In order to minister to thousands of people each year at our conferences throughout Latin America and the United States, to produce the radio and television programs heard by millions and to prepare the written and audio materials that are distributed throughout the world, God has chosen a small team of five individuals.

Our economic resources are limited. We have a dozen donors that faithfully make small contributions and one foundation whose annual gift covers the majority of our annual budget.

Ricardo's thankfulness for having been awakened from his ignorance and acquiring an intimate knowledge of his wife is not unlike the many who will read this book.

On behalf of Ricardo, and thousands of others, I would like to thank my "formidable" team lead by our CEO, director of production, head of purchasing, director of Human Resources, photographer, director of Sales, director of I.T., CFO, my traveling companion, master of ceremonies, family counselor and friend Santiago Rydelski.

Thank you to my executive assistant, travel agent, telephone counselor, script writer, editor, sales agent, and packing and shipping clerk Elizabeth Ortega.

Thank you to my son Jeremy Hormachea, director of art design, director of television, my driver, travel companion and sales agent who found himself hiding under a table when hundreds of people rushed the stand after an event in Ecuador.

Thank you to my son Christian Hormachea, our sound engineer, cameraman, production supervisor, shipping and receiving clerk and lighting supervisor.

Thank you to my brother Moises Hormachea, my ministry partner and associate pastor of Manantiales de Vida Church. Your help and spirit of service, allows me to focus on international ministry and help others outside the church we pastor.

On behalf of Ricardo, and the thousands who after experiencing a rocky road are "Returning Home" (De Regreso Al Hogar) to healthy family, I thank our individual donors and our foundation that has allowed us to operate and grow for the last two years. You are God's gift that allows us to use our gifts to bless millions.

INTRODUCCION
· · · · · · · ·

E scribir un libro como este sería imposible si no hubiera aceptado el desafío de estudiar y comprender el mundo de mi esposa para el beneficio de nuestra relación conyugal. Así como ella ha batallado conmigo para aprender a vivir con un hombre, así yo he luchado con las diferencias instruyéndome para vivir con una mujer.
No ha sido una tarea fácil ni para ella ni para mí, pero aún tenemos una relación conyugal que sin ser perfecta, se mantiene dentro de los rangos de saludable.

Tomé la decisión de conocer el mundo de la mujer y he luchado por tener la más excelente empatía que un hombre puede tener. Mis estudios y las experiencias de mi relación conyugal me han enseñado cosas profundas.
Estoy convencido que puedo vivir saludablemente con una mujer a pesar de las diferencias y estoy seguro que ni mi esposa ni mis hijos pueden ser la fuente de mi realización en la vida. He determinado vivir realizado pese a que mi esposa no puede ser todo lo que yo quisiera.
Yo tampoco soy todo lo que ella espera y nunca podré serlo, pero ambos debemos entender que la realización de un cónyuge no se encuentra en tener al cónyuge perfecto.

De ninguna manera pretendo motivarlo a que sea el esposo perfecto. No existen. Pero sí pretendo que las cosas profundas, así como los detalles que comparto sobre el mundo de la mujer le muevan a apreciar la maravillosa creación divina, a comprender las significativas e importantes diferencias y a decidir vivir con sabiduría al estar consciente de realidades y verdades incambiables.

Mi anhelo es que usted aprenda a amar a su esposa más prácticamente y en forma consistente. De ninguna manera será una tarea fácil. En forma automática no aprendemos a respetar y amar a una mujer a pesar de sus errores y por el sólo hecho de estar casados o sentir cariño no aprendemos a vivir con las diferencias, pero con un serio esfuerzo y una determinación a cambiar, comprender y vivir con empatía y sabiduría, podemos lograr tener una relación saludable.

Al final de este libro le sugeriré una reunión con su cónyuge con énfasis en la comprensión del mundo femenino. Por ello le ruego que mientras lee este libro, subraye los pensamientos que le ayuden a identificar sus equivocaciones. Vaya haciendo una lista de los errores cometidos para que así al final pueda pedir perdón y tener un recordatorio de las actitudes y acciones que debe corregir.

CAPÍTULO PRIMERO

. . . .

"Nunca en la historia del mundo la mujer había recibido la honra que recibió de parte de Cristo. Para los romanos las mujeres eran un instrumento de su entretenimiento; para los griegos eran un instrumento de satisfacción de sus pasiones; para los judíos ellas eran las madres de sus hijos, pero Jesucristo les dio el valor y dignidad que nunca les había dado la humanidad".

CAPÍTULO PRIMERO

1
Jesucristo: El amor del Dios-Hombre para la despreciada mujer

Las enseñanzas y la vida de Jesucristo demostraron su profundo amor por la mujer. Él fue nuestro ejemplo de amor digno de ser imitado. Amó a las mujeres y las ama como Dios y como hombre. Jesucristo tuvo aquella combinación que nadie más puede tener. Fue cien por ciento hombre y cien por ciento Dios.
Nadie como Él podía entender el mundo de la mujer, pues su condición de Dios-hombre le permitía entender lo que nadie más puede comprender. Él diseñó el propósito de su creación, la dignidad y valor que le había dado. Él conocía sus sentimientos y emociones como nadie.

Recuerde que existen ejemplos en la Biblia que demuestran que Jesucristo conocía hasta lo que pensaban los líderes religiosos que lo cuestionaban. Jesucristo conocía a la mujer y sus sentimientos como nadie. Él se dio cuenta de cuan discriminada y maltratada era la mujer en el sistema religioso que encontró y la ignorancia que dominaba la vida de muchos y por ello estableció nuevos principios, los explicó con claridad y los modeló con sabiduría para que ningún hombre tenga excusa para no amar a la mujer como Él quiere que ella sea amada.

Equivocaciones a pesar de nuestras buenas intenciones

Estoy convencido que muchos hombres hubiéramos podido evitar muchos errores en nuestro trato con las mujeres si hubiésemos tenido una formación bíblica apropiada. Lamentablemente por nuestra mala formación, por los erróneos conceptos humanos, y por la tendencia pecaminosa que es parte de todo individuo, muchos hemos fallado pese a nuestra sana intención de tener una relación conyugal saludable.

La verdad es que nunca he conocido a un hombre que me haya confesado que se casó para hacerle daño a su mujer, pero aun sin malas intenciones, hemos provocado dolor por nuestras equivocaciones. Los hombres que a pesar de sus buenos deseos no han recibido la formación adecuada para saber cómo ser maridos amorosos y prudentes, no pueden cumplir el sabio modelo divino para la vida matrimonial, pero tampoco lo puede cumplir la mujer quien por falta de conocimiento ha equivocado su papel.

La verdad es que nunca he conocido a un hombre que me haya confesado que se casó para hacerle daño a su mujer, pero aun sin malas intenciones, provocamos dolor por nuestras constantes equivocaciones.

Es imposible comprender el mundo femenino sin estudiarlo profundamente. No basta nuestro cariño ni nuestras buenas intenciones. No podemos comprender ese mundo si no determinamos investigarlo. Los hombres no podemos conocer a la mujer profundamente en forma natural. Creemos conocerla, pero somos hombres y pensamos como tal y todos nuestros juicios se basan en nuestra forma de ver la vida. Nosotros pensamos como varones y ni siquiera podemos entender nuestro mundo en su totalidad, mucho menos podemos comprender el complicado mundo femenino. Es muy difícil discernir lo más profundo del mundo de quien ha sido diseñada por Dios de una manera tan diferente.

Debido a las grandes diferencias que existen para poder comprender a nuestras esposas, y para conocer ese mundo tan distinto, se necesita un hombre dispuesto a dedicar tiempo a ella, a investigar sus emociones y el mundo que les rodea. Es necesario profundizar para poder comprender sus sentimientos, angustias, preocupaciones, debilidades, fortalezas, y pasión. Debemos discernir qué les decepciona, o aumenta su autoestima, y qué les destruye emocionalmente.
Para poder apoyarlas, debemos conocer cómo animarla, cómo evitar su decepción. Para comprender el mundo de una mujer necesitamos poner atención a las situaciones que enfrenta. Debemos examinar sus vivencias como ama de casa, madre, esposa, y como parte del sistema laboral. Para comprender a la mujer se necesita algo más que una buena intención, se necesita buena preparación.

Humillación por ignorancia

Uno de los peores enemigos del hombre es la ignorancia y todos desconocemos algo. No tengo idea de astronomía, por lo tanto soy ignorante en esta materia y cometería un serio error al querer hacer algo relacionado con este campo sin adquirir el conocimiento necesario. Podría tener las mejores intenciones, pero igual cometería serias equivocaciones. Todos los que nos casamos ignoramos la gran mayoría de los detalles y asuntos importantes de la vida conyugal. Si no nos conocemos a nosotros mismos, mucho menos a nuestra esposa. Pero no sólo ignoramos las necesidades, responsabilidades y derechos de nuestro cónyuge, sino que también desconocemos esas áreas en nosotros mismos y por ello es imposible cumplir nuestro rol en la vida conyugal, pese a nuestros buenos deseos.

Constantemente soy invitado a dar conferencias en convenciones de mujeres y conozco muy bien no sólo sus necesidades sino también cuan poco se conocen a sí mismas. Debido a mi amor por ellas he dedicado parte de mi vida al estudio de su extraordinario y difícil mundo, he enseñado a miles de ellas cosas de mujeres que ni ellas sabían. He notado muchas áreas de ignorancia y en mi libro *"Cartas a mi amiga maltratada"*, entrego consejos directos para que aprendan a darse el valor que Dios les ha dado, estableciendo límites que ellas tienen que aprender. Es triste, pero es cierto que muchas ni siquiera se conocen bien ni son conocidas por sus maridos. Ese mundo de ignorancia es destructivo.

Al conversar con ellas en mis conferencias me he dado cuenta que un gran número no ha entendido la diferencia entre ser una mujer sumisa y una mujer subyugada, así como muchos hombres no comprenden la gran diferencia que existe entre tener autoridad y ser autoritario o machista. La sumisión es parte del corazón de una mujer que reconoce y ha comprobado que su marido la ama y que aunque es un ser pecador con debilidades, y por lo tanto comete errores, siempre tiene en mente el bienestar de la esposa que ama.

El deseo de sumisión aparece en el corazón de una mujer porque Dios puso en ella ese inmenso anhelo de servicio, ese profundo deseo de amar, respetar y compartir toda su vida. La sumisión adecuada se da entre dos personas que se aman, pero que han entendido que alguien debe llevar la autoridad y se respetan mutuamente.

En cambio, el sometimiento es el acto por medio del cual uno obliga a su cónyuge a hacer algo, a pesar de sus sentimientos. Este es provocado por una persona autoritaria y desconsiderada. El que subyuga a su cónyuge no está interesado en los sentimientos de la otra persona, sino en que se cumplan sus deseos personales.

Quien subyuga a su mujer la aflige, la presiona, no considera sus necesidades y no toma en cuenta sus sentimientos. El subyugador sólo quiere que se realice su agenda y sus anhelos ignorando las necesidades de los que le rodean. Es mi deber como consejero orientar a que la mujer tenga el conocimiento, la capacidad y las herramientas necesarias para que pueda salir de su papel de víctima, para que no permita que nadie se convierta o se mantenga como abusador. Si su cónyuge desea seguir viviendo erróneamente, ella con sabiduría pueda apartarlo rápidamente.
Estoy convencido que en las manos de la mujer está la posibilidad de cumplir la meta que Dios trazó para ella en este mundo.

Dios nunca planeó que la mujer quedara sola y amargada en su hogar, siendo ignorada por su esposo, no es su propósito. Él no ha querido que la mujer sufra maltrato o violencia, al contrario, la entregó a un hombre, para que la protegiera, la amara, y le brindara seguridad.
El plan del Señor no fue que en el matrimonio ella alcanzara su mayor realización. Dios planificó que la mujer consiguiera su satisfacción al cumplir la razón de su existencia. Lamentablemente muchas mujeres han errado en la comprensión de su rol y responsabilidad, y muchos hombres fallan al no tratar con cariño y respeto a sus esposas, pero cuando los cónyuges pecan, nada de Dios ha fracasado.

Por otra parte así como el hombre equivoca su papel, también la mujer lo hace. Así como hay hombres que dejan de lado su función de proveedores de la economía para sus hogares, y se convierten en flojos, perezosos, negligentes.
Así también existen esposas que se convierten en manipuladoras, gritonas, alteradas constantemente y dominantes. Hay mujeres que se convierten en violentas y malcriadas y otras que soportan vivir con hombres de esas características.

Muchos hombres y mujeres fallan al no comprender su rol y responsabilidad como cónyuges, y como resultado existe maltrato y humillación. Entender el diseño divino para el matrimonio y vivir en obediencia es lo único que nos permite tener una vida familiar de excelencia.

Una larga historia de desprecio

La historia es un testigo implacable e irrefutable. En la sala del tribunal de la humanidad, existen muchos testigos del maltrato de la mujer y sus testimonios son abundantes y dolorosos. Basta dar una mirada a lo ocurrido en las diferentes culturas y descubrimos ejemplos increíbles de desprecio realizado por los hombres y que es rechazado por Dios. Pero así como se ha evidenciado el error de los hombres y los sistemas religiosos que en sus practicas permitieron la discriminación de la mujer, así ha sobresalido el amor de Dios y de Jesucristo al darles la dignidad que ellas merecen. La ley era dura y castigaba con fuerza el pecado de hombres y mujeres, pero los varones no siempre eran justos en su aplicación. Esto ponía un gran signo de interrogación e inmensa preocupación cuando existían fallas y pecados. Aun José, el padre adoptivo de Jesús, se preocupó de lo que podía ocurrir con su novia Maria, si los religiosos y el pueblo descubrían que ella estaba embarazada antes de casarse.

Mateo capítulo 1, versículo 18 nos relata que María estaba desposada, es decir, estaba comprometida con José y antes de que se juntasen, que tuvieran relaciones sexuales, se halló que había concebido del Espíritu Santo. Para comprender mejor la situación que vivían, debemos recordar que José no sabía nada de esto y nunca antes había ocurrido. Jamás el Espíritu Santo había participado en el embarazo de otra mujer.

Jim Bishop, en su libro *"El día que Cristo nació"*, escribió lo siguiente: *"Cuando María llegó a casa, vio al que iba a ser su esposo. Él no estaba muy contento de que ella hubiera decidido separarse por tres meses. Había escuchado por parte de la madre de María que Elizabet iba a tener un niño, pero seguramente había otras personas que podían haberle ayudado. Sin embargo, esta señorita no discutió con José. Por la actitud de él, María se dio cuenta de que no sabía nada con respecto a este gran secreto, pero ella no se casaría con él sin decírselo. Por esta razón, con mucho cuidado le confesó que iba a tener un bebé. Esta declaración impactó tremendamente a José. Durante el tiempo de enamoramiento, su novia había demostrado inocencia y deseo de vivir en obediencia a Dios, pero ahora algo había ocurrido que sorprendía a este joven temeroso de Dios. Ella se había ido por tres meses y ahora regresaba para decirle que estaba embarazada. Es imposible saber la profundidad de la angustia del corazón de José, pero sin duda era obvia su confusión. Él la miró demandando alguna explicación aunque sin perder su ternura, pero María no ofrece ninguna explicación, pues ni ella misma entendía todo lo que ocurría. Sin duda muchos pensamientos inundaban su mente. Aquel niño iba a necesitar un padre, mejor dicho un padrastro y quién podía ocupar ese lugar mejor que el hombre que le amaba. Sin duda, el mejor candidato era aquel gentil y paciente José. Ese pensamiento pasó por la mente de María y pensó que quizá él sería seleccionado para cumplir ese rol por las mismas razones, porque José sería un guardián ideal para aquel infante".*

Debido a que no somos de la misma cultura, no apreciamos las opciones que José tenía a su disposición. Él demostró un profundo amor por su novia. No reaccionó emocionalmente, no trató de perjudicarla aunque tenía toda oportunidad de dudar de la versión de su novia. Antes de recibir la información divina, sin duda muchos pensamientos pasaron por su mente y después de un serio examen de la situación, se dio cuenta que tenia varias opciones. Déjeme mostrarle una. Observemos por un momento la ley, a la cual ellos estaban sujetos. Específicamente la ley de Moisés estipulaba lo que debía hacerse cuando una mujer desposada estaba embarazada de otro hombre. Deuteronomio 22 versículo 23 en adelante dice lo siguiente: *"Si hubiere una muchacha virgen desposada con alguno, y alguno la hallare en la ciudad, y se acostare con ella; entonces los sacaréis a ambos a la puerta de la ciudad, y los apedrearéis, y morirán; la joven porque no dio voces en la ciudad, y el hombre porque humilló a la mujer de su prójimo; así quitarás el mal de en medio de ti".*

Notemos que este período de compromiso era muy importante. Había un lazo bien fuerte entre los desposados. Desde el versículo 25 al 27 agrega otros detalles más.

"Más si un hombre hallare en un campo a la joven desposada, y la forzare aquel hombre, acostándose con ella, morirá solamente el hombre que se acostó con ella; mas a la joven no le harás nada; no hay en ella culpa de muerte; pues como cuando alguno se levanta contra su prójimo y le quita la vida, así es en este caso. Porque él la halló en el campo; dio voces la joven desposada, y no hubo quien la librase".

Si la señorita se involucraba en un acto sexual y resultaba embarazada, tenía que ser apedreada junto con el hombre. Así debía actuarse si el acto ocurría en la ciudad. Debido a que, en la ciudad la señorita podía pedir auxilio era considerada culpable, si no lo hacía demostraba que estaba participando voluntariamente del pecado. Si esto ocurría en el campo, donde ella no podía pedir auxilio, quedaba la duda si había sido obligada y en ese caso, solamente el hombre era apedreado.

Póngase en el lugar de José pensando en estas opciones. María no había explicado nada más, simplemente le había dicho que iba a tener un bebé. Cuando José fue a acostarse aquella noche comenzó a pensar y muchas cosas pasaron por su mente. Tal vez estaba pensando: ¿ocurrió esto en el campo o en la ciudad? ¿Qué debo hacer? ¿Cuál es mi respuesta? ¿Cuál mi responsabilidad? Frente a él tenía la opción de que apedrearan a María, si esto había ocurrido en la ciudad, pero también debía recordar que no solo la vida de Maria su prometida, sino su propia vida estaba en peligro.

Recordemos entonces que había sólo un castigo para la mujer adúltera y era morir apedreada. El procedimiento era muy lamentable, doloroso. La mujer era llevada a una roca alta y allí se le ordenaba que saltara, si ella no quería hacerlo, entonces los ancianos la empujaban.
De esa forma la mujer quedaba en el fondo de la quebrada, entre las rocas, y entonces la gente tomaba piedras y empezaba a lanzarlas. Le seguían tirando rocas mientras ella se movía y si ella dejaba de moverse, entonces dejaban de apedrearle y se marchaban. El cuerpo quedaba allí para que los pájaros y otros animales se lo comieran.

Por eso podemos apreciar las palabras de Mateo que dicen: "José su marido, como era justo, y no quería infamarla, quiso dejarla secretamente".
Esto ocurrió porque José llegó a la conclusión que era mejor no casarse porque no sabía a quien pertenecía el hijo, pero tal vez pensó que privadamente podía ayudarle para que fuera a algún lugar remoto a tener el hijo en secreto y viviera una vida normal separada de él.
Me encanta esa declaración bíblica que describe a José. Era un hombre justo y eso es precisamente lo que pretendo enseñar en este libro. Deseo de todo mi corazón que los hombres aprendamos a actuar con justicia. Esto lo esperamos de los jueces, pues ellos determinan lo que ocurrirá como producto de las acciones de las personas.

Esto es lo que espero de los maridos, pues tenemos que actuar conforme a las acciones de la mujer que hemos decidido amar. La justicia debe ser un ingrediente importante que determina la forma como debemos actuar los maridos.

Debemos actuar como cónyuges justos que buscan el bien y conocen bien los hechos para elaborar sus juicios sobre la conducta, las actitudes y las reacciones de sus esposas. El juez debe conocer los hechos, realizar las investigaciones para poder ejecutar un juicio justo. Nosotros debemos conocer a nuestras esposas para disponer con justicia porque actúan de esa manera y para determinar que nosotros debemos obrar justamente aunque ellas procedan injustamente.

El propósito que tenía en mente José es digno de ser imitado. La Biblia enseña que él no quería infamarla. Este también debe ser nuestro propósito en la relación matrimonial. Independientemente de lo que haya ocurrido con ella, mi actuación debe ser justa y evitar toda acción que le dañe o maltrate. Así ellas se equivoquen, nosotros como líderes sabios debemos actuar correctamente. Aunque fallen y pequen, como líderes amorosos debemos evitar caer en los mismos errores, pues dos males nunca hacen un bien.

Los hombres que determinamos actuar bien y deseamos cosechar de nuestras acciones, debemos imitar el ejemplo divino de amor, pues Dios pese a nuestras fallas y pecados, siempre actúa con justicia, amor, gracia y misericordia. Él no nos deja de amar por las fallas que cometemos ni hace lo incorrecto por lo equivocado de nuestras acciones. Él actúa sabiamente a pesar de que nosotros hemos obrado erróneamente. Por eso es fácil relacionarse con Dios pues Él nunca actuará mal, aunque nosotros sí lo hagamos. Con esa sabiduría debemos proceder nosotros a pesar de las fallas de nuestras esposas.

Aunque nuestras esposas se equivoquen regularmente, nosotros como líderes sabios debemos actuar correctamente. Aunque ellas fallen y pequen, nosotros como líderes amorosos debemos evitar caer en los mismos errores, pues dos males nunca hacen un bien.

Una antigua injusticia

Lo menos que puedo decir es que la situación de la mujer cuando vino Jesucristo a este mundo era difícil. Me encanta estudiar la historia, y cuando investigamos lo que ocurrió en la época Neotestamentaria encontramos una serie de injusticias debido a la opinión que tenían de las mujeres.
Por ejemplo, el divorcio dejaba a la mujer en una situación difícil porque en la práctica el hombre tenía más derechos que la mujer. Escuche lo que dice esta cita: "Se decía que un judío debía morir en vez de cometer asesinato, idolatría o adulterio". Pero trágicamente, el divorcio era algo muy fácil en aquella época. La ley Deuteronómica establecía que un hombre podía divorciarse de su esposa si la encontraba inmunda o en algún asunto vergonzoso. Entonces se enfrentaron a la necesidad de definir que era lo vergonzoso.

Los más estrictos rabinos confinaron esta declaración a una descripción exclusiva del adulterio; pero otros legalistas incluso llegaron a pensar que esto podía significar cualquier acto que repudiara el hombre. Entonces llegaron al extremo de permitir divorciarse porque la mujer ponía demasiada sal en la comida, o porque salía a la calle sin cubrir su cabeza, si hablaba con un hombre en las calles, o en forma irrespetuosa con los padres del esposo, si hacía esto en presencia del esposo, entonces podía ser objeto de divorcio.

Con el propósito que comprenda la difícil situación de la mujer, permítame seguir citando un relato de la historia. Séneca, un filósofo alguna vez dijo: "Las mujeres fueron casadas para que se divorcien, y divorciadas para casarse". En Roma los años eran identificados por los nombres de los cónsules de aquella época; pero se decía que una mujer a la moda identificaba los años por el nombre de sus esposos. Juvenal cita, un ejemplo de una mujer que había tenido ocho esposos en cinco años y así nos demuestra que la moralidad estaba muerta en el primer siglo y que era tan fácil divorciarse como lo es ahora.

En Grecia la inmoralidad siempre había sido muy popular. Demóstenes algún tiempo atrás había escrito: "Tenemos prostitutas para el placer, tenemos concubinas para las necesidades corporales diarias y tenemos esposas para que engendren a nuestros hijos y para que realicen una guardianía fiel en nuestros hogares".

La hermosa actitud del Maestro

La historia de la vida de Jesucristo nos demuestra que Él no pensaba de la misma manera. No sólo sus palabras sino sus acciones demostraron el profundo amor y sentido de justicia con respecto a la mujer. En la Biblia encontramos un relato sobre una mujer que llegá a ser parte de una de las escenas más vergonzosas de todo el Nuevo Testamento, y que no tenía idea de que su pecado se haría público. Realmente, ella era como cualquier mujer u hombre pecador, había decidido actuar erróneamente, pero, como es obvio, planificó que todo ocurriera en secreto. ¿Quién desea que sus pecados sean conocidos públicamente? Sin embargo, pese a las precauciones que tomó, súbitamente se encontró siendo descubierta, acusada y llevada frente a frente con el hijo de Dios, quien le miró a los ojos, trató con ella, y se hizo cargo de confrontar su pecado, desgracia, y vergüenza.

La mujer pecadora, que sería despreciada por los hombres estaba siendo puesta ante el más santo de los hombres. Es posible que muchos pensamientos inundaban su confundida mente. Si la respuesta de los "santurrones" religiosos era de condenación y destrucción, ¿qué podía esperar ella de un maestro de la ley y de alguien conocido por enseñar acerca de Dios? Sin duda, esperaba la peor de las condenaciones. Este pecado se encuentra registrado en el relato que aparece en Juan capítulo 8 en los primeros once versículos y debo aclarar que es la única narración que existe sobre este hecho. Todo comenzó en una mañana cuando Jerusalén estaba siendo mojada por el rocío de la mañana.

Jesucristo: el amor del Dios-hombre para la despreciada mujer

Grandes sombras púrpuras aparecían entre las columnas del templo, los pájaros cantaban y saltaban de rama en rama en los árboles del área. Un pequeño grupo de gente se estaba reuniendo, podríamos decir para recibir un corto estudio bíblico, dirigido por alguien que enseñaba como ningún otro. Estas personas se habían reunido para oír las palabras de una persona que era capaz de darles vida, pero poco sabían lo que les esperaba.

Era temprano en la mañana, y aquel maestro llegó al Templo y las personas venían hacia Él. De una forma y un estilo muy rabínico se sentó y comenzó a enseñar. Sin duda los que le oían también estaban sentados o parados en aquella pequeña área, y estando entre ellos comenzó a enseñarles.
Mientras estaba haciendo esto, súbitamente sus palabras fueron interrumpidas por la llegada de un puñado de hombres con ceños fruncidos y voces inundadas de odio.

En aquella pequeña clase se produjo un disturbio. Los que estaban allí deben haber estado asombrados y miraban casi con incredulidad lo que ocurría. Viendo esta interrupción Jesucristo se levantó. En el versículo 3 entendemos que estos hombres estaban convencidos de que su justicia era verdadera y justa. Eran la flor y nata de la religiosidad, un grupo de escribas y fariseos, quienes están convencidos de que su posición es la correcta y que la situación de la mujer está equivocada. Estos que condenan a la mujer, la maltratan, desprecian, injurian, son violentos y las ignoran, todavía nos acompañan hoy. No sólo están en los hogares consumidos por la violencia doméstica, sino también en las iglesias y las congregaciones movidas por un mundo de legalismo que trata a la mujer como a una hija de Dios de segunda clase.

Hay líderes que todavía ven las fallas de la mujer, pero no se atreven a aconsejar y confrontar con severidad los errores de los hombres y mucho menos sus propios pecados. Estos líderes que aconsejan a las mujeres cristianas a ser sumisas y orar cuando son victimas de violencia en sus hogares, en vez de unirse a ellas para confrontar el problema hasta las últimas consecuencias. Todavía siguen sin comprender el mundo de la mujer. Sin embargo, en medio de ellos hay conmigo líderes dispuestos a confrontar a quienes maltratan a sus mujeres y aun a enviarlos a la cárcel si no se someten a la orden de nunca golpearlas o maltratarlas. En medio de quienes todavía no tratan a la mujer como una persona de valor y dignidad, existimos algunos que queremos comprender la situación de nuestras esposas, que no entendemos todo lo que ocurre con ellas, que no justificamos sus fallas, y no comprendemos todas sus emociones, que condenamos sus pecados, y queremos entender antes de condenar.

Por ello adquirió este libro. Usted quiere conocer a quien vive en un mundo diferente al suyo y necesita nuestro amor, este debe mostrarse por medio de la investigación, análisis, comprensión, perdón, exhortación y dirección. Ese fue el amor que modeló Jesucristo y que nos dejó como un gran ejemplo para que hagamos lo mismo nosotros. Ese tipo de amor fue el que ésta mujer encontró en medio de este grupo de religiosos que la atormentaban, porque quien la juzgó fue el Cristo que decidió no condenar, sino amar.

En medio del grupo de personas, a ésta mujer adultera no la pusieron frente a otra mujer, sino frente a un hombre. Pero este no era alguien que hablaba de su propia justicia y condenaba sin compasión, sino un ser amoroso que tenia un espíritu comprensivo. Nunca se nombra a la mujer aquí o en ninguna otra parte, pero sí podemos identificar claramente a estos hombres religiosos que estaban metidos dentro del corsé de una religión llena de estatutos y reglamentos. Su mentalidad era de religiosos recalcitrantes, amadores de su propia justicia, tiranos y machistas como ellos solos. No podían soportar la cara de Jesucristo y muchos menos la gracia que demostraba.

Tenían una meta en su agenda y era removerlo y si era posible llevarlo a la muerte. Para ellos existía un plan, y de acuerdo a este pasaje como leeremos en un momento, ésta era una trampa que había sido diseñada para poder tener suficientes evidencias en contra de Jesús, a fin de matarle. Quiero que piense en ésta mujer que vivió un momento como lo viven muchas que son maltratadas e intimidadas por sus cónyugues. Esposas que viven vidas de terror junto a sus hijitos por estar casadas con hombres abusivos y violentos que las intimidan y manipulan.

Quiero que se imagine la escena y la situación de la mujer por un momento. Ella está luchando por liberarse de ellos como un perrillo amarrado por una cuerda. Seguramente su pelo estaba todo revuelto, el maquillaje de su cara tal vez estaba deshecho y su bata de levantarse, posiblemente rota. No había llegado allí por su propia voluntad, ella había luchado contra ellos. Sus brazos tal vez estaban rasguñados por la fuerza con que había sido tomada y arrebatada de su casa y por la lucha que había tenido que realizar. Cansada, confundida, sin saber adonde la llevaban, finalmente se encuentra frente al maestro de la Palabra. Había sido llevada allí para que Él la condenara. Jesús sorprendido por la interrupción, se levantó y escuchó lo que le decían aquellos hombres: "...Maestro, esta mujer ha sido sorprendida en el acto mismo de adulterio. Y en la ley nos mandó Moisés apedrear a tales mujeres. Tú, pues, ¿qué dices?".

Estos hombres malvados, acusadores sin misericordia no llegaron a aquel lugar diciendo: "perdónanos, queremos hacerte una pregunta, queremos obtener algo de tu sabiduría, tenemos un caso de estudio y necesitamos tu opinión

para aprender". Ellos traían a la mujer con doble intención y la arrojaron a Él.
Sin duda muchos pensamientos la atormentaban: "¿cómo pueden ellos hacer esto conmigo? ¿Qué ocurrirá ahora? ¿Tendré alguna esperanza frente a este Maestro?" Ellos estaban decididos a condenarla y lograr que el Maestro la condenara y por ello dicen: "la atrapamos en el mismo acto de adulterio, y tú que tienes que decir".

Debemos entender que por lo menos un libro de tradiciones judías, llamado *la Mishnah*, decía que el hombre que era atrapado en adulterio tenía que ser estrangulado.
Primero debía estar metido en el estiércol hasta las rodillas y luego debía ponerse una tela como una toalla alrededor de su cuello para que la cuerda que lo estrangulara no dejara ninguna marca en su cuerpo en el momento en que lo colgaran. La mujer en cambio debía ser apedreada en público. Moisés había escrito en la Torah que si el acto pecaminoso ocurría en la ciudad, ambos debían ser apedreados.

A los religiosos que la trajeron podríamos preguntarle, ¿es solo ella culpable? ¿Si ella fue atrapada en el mismo acto de adulterio donde está su compañero? ¿Por qué no lo condenan a él? ¿Así desprecian a la mujer y protegen al hombre?
Jesucristo estaba parado en forma silenciosa y sin dudas estaba estudiando toda la escena sin perderse ningún detalle. El Maestro pensaba en todo lo que había ocurrido y la difícil situación de la mujer. Quizás se preguntó: ¿cómo pudo ella haber sido atrapada, sino por medio de una trampa? Por supuesto, no es fácil atrapar a una pareja en el acto mismo de adulterio, por lo que existen grandes posibilidades de que haya sido una trampa. El versículo 6 dice: *"Mas esto decían tentándole, para poder acusarle. Pero Jesús, inclinado hacia el suelo, escribía en tierra con el dedo"*.

Los religiosos estaban tratando de atrapar a Jesús y Él lo sabía. No lo entendían las personas que estaban allí como testigos, no lo conocía la mujer que había sido traída a la fuerza, pero Él discernía lo que ellos tenían en mente. Jesús con gran calma y dispuesto a dar a los religiosos una gran lección y a la mujer una gran esperanza, sólo escribía en tierra esperando la ocasión para entregar una hermosa lección de amor y comprensión.

La elección de la mejor opción

Si usted estudia la reacción de Jesucristo se dará cuenta que frente a muchas opciones que tuvo, eligió la mejor. Pensemos en algunas situaciones que pudieron darse.
Si Jesucristo hubiera dicho apedréenla, entonces lo hubieran llamado un hipócrita, porque Él estaba enseñando compasión, perdón, amor y gracia. Como podría estar hablando de aquello y luego decir: "Asesinen a esta mujer porque ha sido atrapada en adulterio".
También podían haberlo entregado a los oficiales romanos, porque solamente el gobierno romano tenía la autoridad para tomar decisiones y hacer juicios finales en asuntos de la pena capital. Para ellos Él no tenía el derecho ni la autoridad para decidir que ella debía morir.
La segunda posibilidad era: que Jesucristo dijera: "no hagan nada, déjenla que se vaya". Entonces le hubieran condenado diciendo: "Él ha quebrantado la ley y la tradición de la Mishnah. Por eso también ha roto la ley de Moisés, porque está aceptando el adulterio, es un hombre que quebranta la ley"

No quiero que se olvide de algo importante que mencioné anteriormente, y por eso le pido que volvamos por un momento al versículo 4. Recuerde que ellos estaban tratando de atrapar a Jesús, pero le están informando de un hecho puntual para que emita su veredicto. Le dijeron: "esta mujer ha sido sorprendida en el acto mismo de adulterio". En realidad era difícil que la mujer hubiera sido sorprendida, mas bien todo indica que ellos habían preparado ésto para sorprenderla.

Volviendo a la inquietud que mencioné sobre donde se encontraba el hombre con quien ella pecó, existen tres posibilidades. Tal vez escapó cuando ellos les sorprendieron, pero no era muy fácil que huyera pues había muchos hombres que hubieran podido atraparlo. Es dudoso que el hombre haya escapado.

La segunda posibilidad es que ellos deliberadamente le hubieran permitido que se fuera, porque la querían a ella y no a él. Y conectada con esta segunda posibilidad está la tercera y podría ser que el hombre que estaba con la mujer hubiera sido uno de ellos, que se prestó para realizar la trampa. Antes de leer la respuesta de Jesucristo, quisiera que observe la forma como Jesús actuó. El versículo 6 concluye: *"...Jesús, inclinado hacia el suelo, escribía en tierra con el dedo".*

Esta es la única oportunidad en todas las escrituras que se nos dice que Jesús escribió algo. Lo interesante es el término que Juan usa para registrar este relato. Todo da a entender que Juan estuvo presente, que fue un testigo ocular. Juan tomó un tiempo para pensar, recordaba muy bien los hechos pues pasaron por lo menos seis décadas, y luego escribió el evangelio al final del primer siglo. Mientras plasmaba esta escena él eligió cuidadosamente los términos, uno de ellos fue el termino griego *"katagrapho"* que utilizó para describir lo que estaba haciendo Jesucristo mientras aquellos hombres le contaban lo que había hecho la mujer.

La palabra *"grapho"* significa *escribir*. *"Kata"* expresa *abajo*. No sólo significa eso, a menudo traduce *en contra*, podríamos decir que significa escribir algo, *"abajo, en contra de"*.
En Job capítulo 13 versículo 26 en la *"Septuaginta"* que es la versión en griego del Antiguo Testamento, el escritor dice casi lo mismo utilizando el mismo término: *"Tú has escrito palabras amargas, o cosas amargas en contra de mí".*

Jesucristo: el amor del Dios-hombre para la despreciada mujer

Debido a que el término se utiliza para que signifique abajo o en contra de, una traducción dice que ésta porción significa que Él estaba escribiendo en contra de ellos, es decir, para declarar los pecados que tenían. Puede ser que Jesucristo en aquel momento, sin decir una palabra, simplemente se inclinó y comenzó a escribir los pecados que ocultaban, pero que Él conocía. Podría ser que haya trazado con letras lo suficientemente grandes como para que pudieran leer lo que había escrito.

Mientras el escribía, ellos seguían hablándole. El pasaje dice: *"Mas esto decían tentándole, para poder acusarle. Pero Jesús, inclinado hacia el suelo, escribía en tierra con el dedo"*.

El versículo 7 comienza diciendo: *"Y como insistieran en preguntarle"*.

No piense ni por un momento que mientras Jesucristo estaba escribiendo, ellos estaban parados silenciosamente observando. La idea es que estaban continuamente acusando y preguntándole: *"¿qué es lo que tienes que decir? Tal vez refunfuñaban: tú eres un maestro, alguien que se ha auto designado como tal, tú has estado hablando de la gracia. ¿Qué es lo que tienes que decir sobre esta mujer?* El versículo nos da la idea de que ellos estaban insistiendo, estaban presionando.

Sin decir una palabra, Jesús se agachó para escribir y sin responder se levantó y el silencio se rompió cuando miró al rostro de los escribas y fariseos, y les dijo: *"El que de vosotros esté sin pecado sea el primero en arrojar la piedra contra ella"*.

No sólo creo en la inspiración de las palabras de la escritura, sino también en el orden en que estas palabras fueron inspiradas. Para poner énfasis en un término, los griegos no lo subrayaban, tampoco ponían signos de exclamación ni ponían la palabra en letra cursiva como lo hacemos nosotros. Lo que hacían era poner las palabras fuera de orden para hacer notar el énfasis, especialmente lo hacían con las palabras que tenían gran importancia.

Cada vez que querían poner énfasis en algo, deliberadamente ponían la palabra fuera de su lugar. Generalmente la colocaban al inicio de la declaración. La primera palabra que Jesús dice es: "sin pecado". La frase entonces dice: *"sin pecado, el que esté de vosotros, lance su piedra"*, el énfasis es en *"sin pecado"*. Jesucristo les quiere decir: "invito al primero que esté sin pecado para que comience a tirar piedras, pero asegúrese que no tenga pecado".

Cualquiera de ustedes que esté calificado por su gran santidad, entonces, atrévase a juzgar y avergonzar a esta mujer. El que esté sin pecado, tiene derecho de acusarla y aun de asesinarla. Pero, si la van a condenar, asegúrense muy bien que tienen sus corazones puros, sin mancha y sin pecado, si es así, entonces comiencen a lanzar sus piedras.
Después de aquella increíble declaración, todo estaba en silencio. La situación era tan tensa que ni una palabra se escuchó. Jesucristo les miraba y ellos le observaban atentamente. Al mirar sus caras, Él mira al pasado que estaba grabado en la memoria y en la conciencia de aquellos hombres.

Él podía mirar sus corazones, el Maestro podía conocer sus pecados y luego agacharse y escribir algunos de ellos, tales como: idólatras, mentirosos, borrachos, asesinos, adúlteros. Ellos al leer sus pecados y darse cuenta de lo que el Maestro les revelaba, dejaron caer las piedras y luego uno a uno iban desapareciendo como animales acorralados que buscan las penumbras para esconderse sigilosamente. Por la sabia acción de quien amaba a la mujer y no la condenaba, las piedras ya no caían duramente sobre el cuerpo de ella, sino lentamente caían en tierra, cerca de los pies de los avergonzados acusadores. El versículo 8 nos muestra lo que Jesús continuó haciendo: *"e inclinándose de nuevo hacia el suelo, siguió escribiendo en tierra"*. Quiere decir que Jesús al pronunciar sus palabras continúo escribiendo, como si no le diera importancia a la derrota de estos hombres.

El versículo 9 dice: *"Pero ellos, al oír esto, acusados por su conciencia, salían uno a uno, comenzando desde los más viejos hasta los postreros; y quedó solo Jesús, y la mujer que estaba en medio"*. Es interesante que se hayan marchado sigilosamente y dice la escritura que lo hicieron *"Comenzando con los más viejos"*. Tal vez la declaración de Juan nos muestra que los más viejos se marcharon, primero porque era más grande la cantidad de pecados que los viejos podían recordar. Tal vez la enormidad de sus pecados los movía porque el peso de sus pecados era más grande que el de los jóvenes. Cuando oyeron las palabras de Jesús, tuvieron que pensar en sus vidas y mientras hacían un rápido análisis de tantas faltas cometidas, perdían fuerza en sus manos e iban botando las piedras que habían preparado para asesinar a la mujer por un pecado. En palabras sencillas, Jesucristo les había dicho: "ninguno de ustedes es calificado para apedrear a esta mujer, sólo yo puedo hacerlo, pero ni siquiera yo lo haré, mas bien, la perdonaré".

La escena que sigue es un estudio en contraste. Jesús quedó solo con la mujer que había sido acusada. Hubiera sido excelente ser testigo de esta maravillosa escena. Seguramente hay muchos momentos de la historia que nos llaman la atención, y a los cuales quisiéramos volver y estar presentes porque se vivieron experiencias grandiosas y aleccionadoras. Entre los muchos acontecimientos bíblicos en los que me hubiera gustado estar presente, éste es uno de mis favoritos.

Me habría encantado haber estado en esa extraordinaria clase con tan grandes lecciones que el Maestro dictó. Observar a Jesucristo la única persona que estaba calificada para apedrearla, cuando miraba el rostro de ésta mujer que merecía morir, pero cuya vida fue preservada. Él nos dio una lección de cómo amar a una mujer y darle la dignidad que merecía, aunque fuera una pecadora. Jesucristo no permitiría que ella fuera tratada diferente a un hombre y tuvo misericordia de ella.

Me habría encantado observar la cara de agonía de la mujer mientras era acusada y la expresión de sorpresa, admiración, gratitud y humillación que presentó cuando fue objeto de este acto de amor y comprensión como una respuesta amorosa del Salvador a un terrible pecado humano.

Éste relato nos muestra un extraordinario contraste. Allí estaban una mujer y un hombre, una pecadora y el hijo de Dios sin mancha y sin pecado, una adúltera y el santo Mesías. La mujer pecadora fue aceptada y quienes se marcharon avergonzados fueron los que acostumbraban a despreciar a la mujer.

Jesucristo pregunta: *"Mujer ¿dónde están los que te acusaban? ¿Ninguno te condenó?"* Las únicas palabras que se registraron de esta mujer en todas las escrituras están en el versículo 11 y simplemente dice: *"Ninguno, Señor"*.

Con que tranquilidad y calma ella podía hablar. Su tono debe haber sido de sorpresa y alegría. No estaba nadie allí para acusarla. Ella misma dejaría de culparse, abandonaría la vergüenza y la culpa pues Jesucristo le dice: *"ni yo te condeno; vete, y no peques más"*. El Maestro le dice, sigue adelante con tu vida mujer y no sigas pecando. Es asombroso que la única persona en la tierra más calificada y con más derecho para condenar a la mujer, no lo haya hecho.

Por primera vez en su vida ella fue evaluada, juzgada, confrontada y dirigida con tanta sabiduría. Nunca un hombre la había tratado con la dignidad que el Hijo de Dios le había dado cuando la creó, después de todo, ella ahora estaba frente al arquitecto de la creación de la mujer. Aquel que la creó con dignidad y quien le daba la honra que nunca nadie le había dado.

La interpretación errónea de los judíos

Las feministas acusan a Dios de machista, hurgan en las escrituras para realizar sus investigaciones y utilizar los textos fuera de su contexto encontrando así pretextos para propagar su doctrina anti-hombre y anti-Dios. Pero el hecho de que existan hombres que no cumplan el modelo divino, no significa que el plan divino ha sido una falla y por ello sea sabio lanzar sus ataques contra la masculinidad o iniciar un movimiento contra el plan de Dios para la familia.

Las mujeres, las madres, los hijos también fallan y no lanzamos un ataque en contra de la maternidad ni contra los hijos. Cada vez que los hombres se han equivocado, nada de Dios se ha equivocado, porque el error de los humanos en su aplicación del programa divino para la relación conyugal no anula el maravilloso plan divino. Los mandatos e intención divina son siempre buenos, la explicación de los hombres es siempre imperfecta. La interpretación errónea de la intención divina ha sido parte de la historia de la humanidad y los judíos no fueron la excepción.

Cuando el remanente judío regresó del exilio a la tierra santa, algunos líderes religiosos realizaron sus interpretaciones del Antiguo Testamento y fueron tan serios y exigentes que las convirtieron en una especie de segunda ley de la nación. Ellos se dedicaron a interpretar la ley y agregaron mandamientos tras mandamientos para explicar los mandamientos divinos. Estas interpretaciones eran la *"tradición de los ancianos"* con la que Cristo tan a menudo entró en conflicto. Estas tradiciones mas tarde fueron escritas en el *"talmud"*. En las escrituras aparecen algunos ejemplos del extremo al que los religiosos habían llevado sus interpretaciones de la ley. En el cuarto y quinto siglo antes de Cristo, aparecieron una clase de expertos legales conocidos como los escribas. Ellos no estaban muy contentos con los principios morales entregados por Dios y tenían, lo que podríamos llamar, una pasión por la definición. Querían que aquellos principios fueran amplificados, expandidos, y divididos entre miles de pequeños reglamentos que pudieran gobernar toda acción y cada situación posible en la vida.

El comentarista Barclay agrega lo siguiente: *"Las reglas y mandatos no estuvieron escritas hasta mucho después del tiempo de Jesucristo. Ellas son lo que se llamó la ley oral, que era la tradición de los ancianos. Allí en el evangelio de Marcos, capítulo 7 versículo 3, se llama la tradición de los ancianos. Estas no eran las escrituras. Ellos agregaron al libro de Dios, miles de reglamentos que la persona debía cumplir si quería que los fariseos estuvieran de acuerdo con ellos".*

Las distintas leyes divinas, fueron explicadas por mandamientos humanos y su explicación en vez de ayudar, generalmente dañó el espíritu original de la ley. El Señor Barclay nos da un ejemplo de una de ellas al continuar su comentario: *"Ellos tenían reglas rígidas y definitivas acerca de cómo lavarse las manos. Este lavado no se realizaba con fines higiénicos, era un asunto ceremonial. Antes de cada comida y entre cada plato, debían lavarse las manos de determinada manera. Para comenzar, las manos debían estar libres de cualquier grano de arena, tierra o cualquier sustancia. El agua para lavarse las manos debía estar en jarras especiales de piedra, para que estuviera limpia para el propósito ceremonial.*

En primer lugar, las manos se sostenían con los dedos apuntando hacia arriba y entonces se echaba el agua y tenía que correr por lo menos hasta las muñecas. Debían usar una mínima cantidad de agua. Era más o menos como la mitad de la cáscara de un huevo llena de agua. Mientras las manos todavía estaban mojadas, cada mano tenía que limpiar a la otra con el puño. El puño comenzaba a sobar la palma y la parte de arriba de la mano contraria. De esta manera estaban frotando su mano, para que cayera el agua, que ahora era impura. El agua era impura, porque había tocado manos contaminadas. Entonces tenían que poner las manos hacia abajo, por si acaso quedaba algo de agua, esta corriera por los dedos. Después de todo eso, las manos se consideraban limpias. Quien no hacía eso delante de los ojos de los fariseos, no sólo era considerado culpable de tener malos modales y de comer con las manos sucias en el aspecto de la higiene, sino de ser impuro a los ojos de Dios".

Para Jesús, esa forma de pensar era ridícula. Dios nunca habla en la ley, acerca de subir y bajar las manos o todo ese ceremonial que ellos hacían. La ley no dice nada en cuanto a la cantidad de agua. Nada acerca del tipo de agua que debía usarse, ni que debían lavarse entre cada comida. Esa era una enseñanza de los fariseos y por supuesto a Él no le gustó.

Jesucristo no pasó por ese ceremonial y mas bien, fue directamente a la comida. Él fue invitado a comer y eso era lo que iba a hacer. Cuando los fariseos observaron aquello, se sintieron molestos. Según ellos Jesús estaba rompiendo las demandas de la tradición de los ancianos, o la tradición de los fariseos. Tal vez Jesucristo ni sabía lo que debía hacer porque esa no era su costumbre, y si lo sabía, aprovechó esta gran oportunidad para instruirlos".

Ejemplos como éste existen muchos y demuestran las interpretaciones erróneas de los mandamientos divinos. Pero las malas interpretaciones del deseo divino no sólo produjeron discusiones con Jesucristo, quien siendo Dios conocía muy bien la intención de la ley, sino también llevó a los religiosos extremistas al desprecio de las mujeres.

Algunos maestros judíos sostenían que en Génesis 3:16 Dios había pronunciado diez maldiciones contra Eva y las mujeres. Algunas de estas maldiciones están en el Talmud. Observe lo que algunos extremistas decían: El rabino Eleazar pronunció: *"Es preferible quemar el rollo de la ley que enseñarlo a una mujer"*. El rabino Meguilla agregaba: *"Es vergüenza para una mujer dejar oír su voz entre los hombres"*. Un inciso en la ley oral judía declaraba lo siguiente: *"Si una mujer aparece con su cabeza descubierta, o si teje en la calle, viola la ley"*.

También dice: *"Si una mujer va en publico con la cabeza descubierta se considera impura y el esposo debe divorciarse de ella"*. A los varones judíos se les enseñaba a repetir con regularidad lo siguiente: *"Bendito sea Dios que no me hizo mujer"*. Tertuliano (160-230 d.C.) decía lo siguiente de las mujeres: *"Y ¿no sabéis que vosotras sois cada una, una Eva? Vosotras sois la entrada del diablo, vosotras sois las que rompisteis el sello del árbol prohibido, vosotras sois las que abandonasteis la ley divina"*.

Estas declaraciones muestran la realidad y la triste situación que tuvieron que vivir las mujeres de esa época. Ellas fueron despreciadas por hombres orgullosos y con un equivocado concepto de superioridad. Pero nunca fueron despreciadas por Jesucristo quien mostró al mundo que la mujer era una persona de valor y dignidad.

Jesucristo demostró su conocimiento y comprensión de la mujer atrapada en adulterio y pese a su pecado, respondió con un amor que debe ser imitado por todos los hombres. Ese extraordinario amor se hizo evidente en su investigación, análisis, comprensión, perdón, exhortación y dirección. Así también nosotros, frente a toda falla que tengan nuestras esposas debemos responder con amor, imitando las acciones y actitudes de nuestro Señor.

Un problema que traemos

Las actitudes de desprecio a la mujer que se acostumbraba entre los griegos, romanos y judíos, aunque suenan ridículas, coinciden en su espíritu erróneo, con los sentimientos machistas que todavía son parte de la cultura de nuestros países. Nuestro machismo también ha dejado muchas victimas y los culpables no sólo son los hombres, sino todos los que contribuyeron a su formación.

Jesucristo: el amor del Dios-hombre para la despreciada mujer

La sociedad ha preparado el camino para hacernos creer que debemos ser así. Desde pequeño me di cuenta que a los niños se les molestaba y ridiculizaba si lloraban y desde muy temprano comencé a aprender que un hombre real es el que esconde sus verdaderos sentimientos.

Aún las madres han contribuido al machismo al permitir a sus hijos cosas que no admiten a sus hijas y evitar el involucramiento de los varones en las labores del hogar aduciendo que son labores femeninas. Las mujeres modernas han contribuido al machismo porque en vez de motivar a los hombres para que aprendan a ser más sensibles y libres de mostrar sus emociones, mas bien han presionado a las mujeres para que aprendan a ser más duras y a esconder las emociones para demostrar que pueden ser fuertes y así alcanzar el status y el nivel de poder que tiene el hombre.

Sin duda la religión ha sido una gran herramienta de refuerzo de la subordinación enfermiza de la mujer y de motivación directa o indirecta del machismo. Cuidado con pensar que al condenar el machismo estoy exaltando el feminismo. Mi tarea es que los hombres aprendamos a tener más empatía y conocer y comprender más el mundo maravilloso y difícil de la mujer. Los hombres debemos ser fuertes, tener una actitud de líder, y luchar con todas nuestras fuerzas por el bienestar de nuestra familia, pero eso no significa que debemos evitar ser sensibles. Que tengamos liderazgo y seamos fuertes para proteger a nuestra esposa no es motivo para dejar de expresar nuestras emociones. No por ser hombres debemos evitar llorar en público, admitir nuestras debilidades, o aun confesar a nuestra esposa nuestros temores y errores.

Quienes me conocen, saben de mi profundo amor y determinación a defender la dignidad de las mujeres, de los niños, y por supuesto, también de los varones. Por ello estudio profundamente las Escrituras y las necesidades humanas. Quiero que los que aman a Dios entiendan que existen sectores religiosos que con sus enseñanzas bien intencionadas, pero equivocadas, han promovido la subyugación en vez de la sumisión y el autoritarismo y el machismo en lugar de la autoridad y el sabio liderazgo.

La interpretación machista del consejo bíblico que algunos han realizado, ha motivado una gran cantidad de acciones abusivas que van en contra de las enseñanzas del cristianismo genuino. Creo que el pensamiento cristiano basado en una interpretación apropiada de las Escrituras no sólo motiva a la mujer a vivir con dignidad, sino que instruye al hombre a respetarla y además, a convertirse en un líder amoroso y protector del ser que ama.

¿Cristiano y machista?

No puedo aceptar que un cristiano siga siendo machista. Puede haber sido formado así y haber vivido muchos años practicando el autoritarismo, pero al pasar a formar parte del cristianismo, no debe seguir viviendo bajo ese sistema que es rechazado con severidad por el consejo de la Biblia. Los estudiantes del comportamiento de la sociedad no pueden poner en duda que el cristianismo produce un cambio radical en la vida del individuo. Los economistas no pueden dudar que la conversión de una persona al cristianismo evangélico y la actuación madura de éste significará un avance en la condición económica de su familia.

Por supuesto, existen miles de personas que antes de ser cristianos actuaban como machistas y que debido a la transformación que realiza en la vida de la persona el estudio y la aplicación de las sagradas Escrituras, han abandonado el mundo autoritarista y hoy respetan el mundo y aman a la mujer. Elizabet Brusco realiza un estudio en su libro titulado, "Machismo". Después de años de estudio en Colombia, su investigación le permitió comprobar que cuando una pareja se convierte al mensaje transformador del evangelio, mejora substancialmente su situación económica. Entre el 20 al 40 por ciento del dinero que usaban erróneamente, es utilizado apropiadamente. Estoy convencido que el mensaje pragmático del evangelio produce un cambio radical que permite batallar para no acomodarse a los roles establecidos en la práctica por la sociedad machista. Esto resultará indudablemente en una mejor calidad de vida y proceso de las relaciones familiares. Si un cristiano no ve un cambio efectivo en su relación familiar y en su situación económica, es porque no ha entendido con claridad el mensaje del evangelio o no tiene la determinación para aplicar los nuevos principios aprendidos.

Los hombres cristianos que determinan no conocer a su esposa, ni cambian la forma como se han relacionado con ella, no han comprendido el mensaje de la palabra de Dios, o se han quedado en la etapa de niñez en su vida cristiana sin pasar a la etapa de la adolescencia y sin avanzar hasta la madurez. Un cristiano puede seguir ignorando a su esposa e irrespetándola, por falta de enseñanza o por estar en una congregación donde no recibe instrucción bíblica práctica, porque ha recibido enseñanza errónea o porque se niega a aplicar el consejo bíblico que le ordena amar a su cónyuge.

Es imposible que un cristiano evangélico que ama verdaderamente a Dios, que entiende bien las escrituras, y cree firmemente que su única regla de fe y de conducta debe ser la Biblia, permita que el machismo destruya su familia.

La historia nos muestra que las mujeres fueron despreciadas por hombres orgullosos y con un equivocado concepto de superioridad. Pero nunca fueron despreciadas por Jesucristo quien mostró al mundo que la mujer era una persona de valor y dignidad.

La interpretación machista del consejo bíblico que algunos han realizado, ha motivado una gran cantidad de acciones abusivas que van en contra de las enseñanzas del cristianismo genuino. El pensamiento cristiano basado en una interpretación apropiada de las Escrituras no sólo motiva a la mujer a vivir con dignidad, sino que instruye al hombre a respetar la dignidad que Dios le dio, y además, le ordena convertirse en un líder amoroso y protector de la mujer que ama.

El machismo y las buenas relaciones interpersonales, el machismo y la dignidad de la mujer y de los hijos no pueden cohabitar. Por ello, el machismo y el cristianismo no pueden convivir. Un cristiano genuino y comprometido y conocedor de la palabra de Dios no puede ser machista.
En mis años de experiencia como consejero, nunca he visto un machista que conozca a su esposa como Dios quiere que lo haga, ni que la ame como Dios determinó practicarlo. Un machista no sólo puede demostrar una exagerada agresividad e intransigencia en su relación con otros hombres, sino que también es arrogante e insensible en su relación con las mujeres.

El machista practica el exceso de poder y se atribuye exagerados y selectos privilegios, y como consecuencia, otorga un status inferior y un papel secundario a la mujer.
El machismo, por su arrogancia motiva la auto negación de la mujer, y por su intransigencia y autoritarismo, demanda la sumisión sin cuestionamiento. El machismo remueve al hombre de las relaciones familiares saludables, impide la empatía y promueve la auto satisfacción. Esta misma actitud saca al hombre de su hogar aunque siga viviendo en casa. Impide el enfoque en las necesidades integrales de los miembros de su familia, y reduce el rol del hombre a una responsabilidad de proveedor económico de la necesidad de su familia.

El machista tiende a identificarse más con el mundo exterior que con su propia familia. La mujer de un hombre machista es obligada a ignorar sus necesidades personales y generalmente se enfoca exageradamente en suplir las necesidades de los hijos y su esposo. Ella vive en un mundo de constante ansiedad y en una espera angustiosa del hombre ausente. Experimenta temor, rechazo, y sufrimiento porque las actitudes de un hombre insensible y egoísta le hacen sentir cada vez mas ignorada.

No podemos amar a quien no conocemos y no pueden conocer a sus esposas los hombres que tienen un énfasis excesivo en sus propias necesidades y anhelos, por encima de los deseos y requerimientos de sus seres queridos.
No pueden amar a sus esposas los hombres que se creen superiores o piensan que tienen más derechos que la mujer. El machismo motiva a pensar erróneamente. Si sólo el hombre trabaja, él cree que por ser el proveedor del dinero, tiene más autoridad y derecho que su esposa.

El machismo motiva al hombre cuya mujer también trabaja fuera de su hogar a pensar que sólo la mujer tiene que cumplir las labores del hogar. En el sistema machista el hombre no es el líder tierno y cariñoso, firme cuando es necesario, disciplinador, enérgico y con gran determinación. Sino un caballero con todos los símbolos de nobleza, es el individuo que cree que se ha ganado su autoridad por linaje, simplemente por ser hombre, y espera que mientras él sea el gran señor y el gran proveedor, debe recibir el servicio como respuesta grata a su responsabilidad. Todo hombre que desea conocer y amar a su esposa como Dios quiere que lo haga, debe conocerla y comprenderla como Dios lo diseñó.

En este libro me dirijo con amor a tres tipos de hombres: Primero, a quienes ignoran las diferencias que existen entre los sexos. Es posible que conozcan lo obvio, pero no conozcan los detalles importantes de nuestro mundo tan diferente. Mi deseo es que ustedes obtengan el conocimiento de una realidad incambiable y la sabiduría divina necesaria para convertirse en hombres más comprensivos y llenos de empatía. Segundo, quiero dirigirme a quienes debido a las heridas que se han prodigado en su relación matrimonial, no tienen ningún interés y han perdido las esperanzas de encontrar una relación matrimonial de paz. Deseo que ustedes me permitan comunicarles algunas grandes verdades que pueden hacerle desistir de su postura y entregarle esperanza para sanar una relación matrimonial enferma.

Quiero que comprendan que los errores de ambos han producido dolorosas consecuencias y que muchos de los errores los cometieron por ignorancia. Tenga la confianza que si usted es un hombre normal, herido y decepcionado pero dispuesto a aprender, al final de este libro comprenderá muchas de las razones de sus errores y los de una mujer que no ha tenido la intención de destruir su relación conyugal sino que ha reaccionado en forma normal al encontrarse en una situación no agradable por la ignorancia de los principios necesarios para vivir y tener una relación saludable.

También quiero dirigirme a los varones que se esfuerzan seriamente por mantener la paz en su hogar. Hombres que no son conformistas, que se preocupan al máximo de su esposa, pero que necesitan orientación para entender las razones de las diferencias y conocimiento para saber como vivir con ellas. Créame, el adquirir mayor conocimiento, cambiar de actitud y tener la determinación de actuar y reaccionar sabiamente, le permitirá tener eficaces herramientas para mejorar su relación matrimonial considerablemente.

Todo hombre que desea conocer y amar a su esposa como Dios quiere que lo haga, debe comprenderla como Dios determinó practicarlo. En mis años de experiencia como consejero, nunca he visto un machista que conozca a su esposa como Dios la diseñó, ni que la ame como Él desea, de allí que el cristianismo y el machismo no pueden cohabitar.
Un cristiano comprometido, que conoce la Biblia y la aplica no puede actuar como machista.

CAPÍTULO SEGUNDO

• • • • • • • •

"Ningún hombre prejuiciado en contra de la mujer puede darle la honra que Dios planificó que ella tenga. Para poder tener una relación constructiva debemos eliminar los prejuicios destructivos.
Delante de Dios y por lo tanto, delante de los hombres ambos son personas de dignidad y valor, por ello debemos relacionarnos con amor y respeto de acuerdo al ejemplo que nos dejó Jesucristo, el Señor".

2
Prejuicios dolorosos en contra de la mujer

Creo que no existe criatura más poderosa en esta tierra que una mujer. Dios lo planeó de esa manera y le dio una fortaleza y dignidad que no se encuentra en ninguna de sus criaturas. Su influencia a través de los siglos ha sido reconocida y es fundamental para el desarrollo de nuestros hijos. Sin embargo, es triste que existan hombres prejuiciados contra la mujer y actúen de acuerdo a ese juicio previo y erróneo que han establecido.
Para comenzar podemos decir que es por medio de las mujeres que nacen los niños y solamente a través de ellas.

Creo que si hay algún sentido adecuado de dirección provisto para los niños, incluyéndonos a nosotros y especialmente en los años de formación de nuestra personalidad, la más grande influencia que tuvimos fue la de una mujer. El más digno y significativo de todos los roles de la vida es el de una madre. Nunca he conocido a un hombre que ha llegado a ser respetado y que no haya reconocido que la influencia de su madre fue muy importante en su vida.

El consejo de una madre es elocuente, aun cuando permanezca en silencio o tan sólo diga unas pocas palabras. Todos en algún momento hemos sido atrapados por la mirada de una madre y motivados a tomar una decisión debido al silencio o a las conmovedoras lágrimas de una preocupada mamá.

Prejuicios dolorosos en contra de la mujer

Lo que he dicho con respecto al poder y la influencia de una madre, ciertamente también se aplica a la esposa. No conozco a un marido respetado que no haya confesado alguna vez que en grandes momentos de su vida, fue la confianza y determinación de su esposa lo que le hizo permanecer firme.

No he conocido un gran esposo que no haya admitido que aun a pesar de las discusiones que tuvo con su cónyuge sobre algún asunto, al aceptar la sugerencia de su esposa se dio cuenta que tomó la mejor decisión posible. Creo que si las damas se dieran cuenta del poder que tienen sobre sus maridos, estoy seguro que lo usarían más a menudo, pero con mucha más sabiduría. La mayoría de las decisiones que tomamos los hombres casados, con frecuencia son resultado de la sabiduría de nuestras esposas, y muchos de nuestros aciertos han sido el fruto de escuchar el consejo de esposas sabias.

No existe persona en este mundo que tenga más influencia que una mujer que actúa sabiamente. Los que tenemos esposas y madres débiles y pecadoras, pero dedicadas y sabias debemos vivir agradecidamente.

Si tuviera que hablar respecto de lo que soy, puedo asegurarle que debo gran parte de mi éxito a la esposa y a la madre que Dios me dio. Creo que no podría estar en este lugar cumpliendo este rol si no hubiera sido por la presencia de mi esposa en mi vida. Lamentablemente, a pesar de que todos estemos de acuerdo acerca de la importancia y lo maravillosa que es la vida de la mujer, no podemos decir que son perfectas y que siempre es fácil vivir con ellas. Debido a nuestra naturaleza pecaminosa, todos nos equivocamos y por nuestra errónea formación y falta de conocimiento de su mundo, tendemos a relacionarnos con ciertos prejuicios hacia las mujeres, pero, por supuesto, también ellas tienen prevenciones contra los hombres y también son influenciadas por ellos.

Los destructivos prejuicios

Es imposible conocer a alguien cuando estamos inundados de prejuicios. Por ejemplo, usted nunca conocerá bien una cultura, si la mira con desconfianza, suspicacia y recelo. Eso precisamente produce los prejuicios. Muchos hombres, aunque enamorados, llegamos prejuiciados a nuestra vida conyugal porque aprendimos de los adultos determinadas ideas que nos mueven a etiquetar a las mujeres. Algunos de estos conceptos van desde lo mas grave hasta lo mas sencillo. He comprobado que hay hombres que no sólo lo dicen sino que piensan y actúan bajo algunos de los siguientes prejuicios: "Después de un tiempo, las mujeres casadas odian el sexo".

Al aconsejar a cientos de mujeres y matrimonios me he convencido que la mayoría no odia el sexo después de un tiempo de casadas, sino la forma como su marido tiene relaciones sexuales. Otros hombres dicen "Las mujeres son unas problemáticas". Si es verdad que existen algunas que lo son y la Biblia dice lo siguiente de ellas: *"Dolor es para su padre el hijo necio, y gotera continua las contiendas de la mujer"*. (Proverbios 19:13) Es obvio que no es fácil ni alentador vivir con una mujer que critica, y presiona constantemente.

No es fácil ni saludable vivir con una esposa contenciosa; como líderes de la familia, y esposos sabios, no debemos aceptar ese tipo de comportamiento, ni tampoco reaccionar erróneamente, pero sí debemos saber responder con sabiduría a pesar de la necedad de una mujer fastidiosa, inoportuna, gruñona, quejosa, y regañona. Sin embargo, esto no significa que todas las mujeres actúen de esa manera. También existen hombres problemáticos, fastidiosos, gruñones y regañones. También he escuchado que algunos hombres prejuiciados dicen que: "A las mujeres hay que tratarlas con dureza para que no se aprovechen". Tristemente este es un acto de machismo y una gran demostración que quien declara eso, no tiene el conocimiento de cómo ser un verdadero líder en su hogar.

Quisiera tratar el tema en forma directa. Le ruego que piense bien en estas explicaciones pues las realizo con la mejor de las intenciones. Le suplico que sea receptivo, que seamos honestos y enfrentemos la fealdad de nuestras áreas pecaminosas, sobre todo en los prejuicios que son parte de nuestra forma de pensar. Quiero que lo realice usted tal como yo tuve que hacerlo y para decirle la verdad, continúo haciéndolo. Si no luchara por despojarme de prejuicios, no sólo me sería imposible tener empatía con mi esposa y los millones de mujeres que enseño por medio de los programas de radio, mis escritos y conferencias, sino que debido a esos prejuicios no podría realizar una interpretación y aplicación bíblica apropiada.

No deseo que remiende sus pensamientos porque hacerlo nunca será tan bueno como renovar. Deseo que transforme sus pensamientos, que cambie su manera de pensar. Tenemos una mente que ha establecido ciertos valores y propendemos a perpetuarlos. Nuestro sistema de pensamiento ha sido formado con ideas mundanas, machistas y por decirlo de la manera más suave, imperfectas.

El resultado es que tenemos mentes prejuiciadas y para poder comprender a la mujer debemos cambiar nuestra forma pecadora de pensar e introducir en ella el pensamiento divino que es justo y perfecto. Dios sí conoce a la mujer, después de todo, Él fue quien la creó y de Él debemos aprender. Dios no esta prejuiciado contra ella, nosotros si podemos estar condicionados.

Me tomó tiempo, mucho estudio, pasión por Dios, estudio constante y fiel de la Biblia, análisis de las necesidades femeninas y masculinas, y una gran actitud de comprensión para eliminar los sutiles prejuicios que con el paso de los años se habían introducido en mi mente.
Pero he logrado eliminar la mayoría de ellos y por ello tengo un alto nivel de comprensión del mundo de la mujer.

Algunos hombres que asisten a mis conferencias, todavía piensan que me he ido al extremo al tratar de ser comprensivo con ellas. En algunas ocasiones he sido cuestionado por amigos y aconsejados que no han podido comprender el difícil y desafiante mundo femenino por la cantidad de prejuicios e ideas erróneas que tienen. Algunos con el paso del tiempo y por su determinación a seguir mis consejos, han llegado no sólo a conocer mejor a sus esposas, sino a tener gran empatía con ellas. Otros, siguen creyendo que soy un defensor de la mujer que se ha ido al extremo.

El amor de Dios y los prejuicios

Jesucristo demostró un amor por la mujer como ningún otro personaje de la humanidad. Él no vino para mantener la memoria de discriminación, vino para cambiar toda la historia, por ello es el centro de ella. No decimos en el año 30 antes de Mahoma, ni en el año 200 después de Buda.
En todo el mundo la historia se divide entre el antes y después de Jesucristo.

En Marcos, Capítulo 7 versículos 18 al 23, Jesús pone su dedo justo en la llaga. Las influencias más fuertes que nos llevan al desprecio o a ignorar a la mujer, no son los elementos externos, como familiares, amigos y la sociedad con la cual hemos estado en contacto.

Por supuesto que nuestra mente ha sido formada por lo aprendido y las experiencias vividas, pero existe un problema mayor. Es cierto que el haber sido testigo de las actitudes machistas de nuestros padres, nos afectó, pero la influencia más grande está dentro de nosotros mismos, en la naturaleza pecaminosa que nos conduce a hacer el mal. Note la experiencia de Jesucristo y las palabras que describen el profundo problema humano: *"Él les dijo: ¿También vosotros estáis así sin entendimiento? ¿No entendéis que todo lo de fuera que entra en el hombre, no le puede contaminar, porque no entra en su corazón, sino en el vientre, y sale a la letrina? Esto decía, haciendo limpios todos los alimentos. Pero decía, de lo que del hombre sale, eso contamina al hombre. De dentro del corazón de los hombres salen los malos pensamientos, los adulterios, las fornicaciones, los homicidios, los hurtos, las avaricias, las maldades, el engaño, la lascivia, la envidia, la maledicencia, la soberbia, la insensatez. Todas estas maldades de dentro salen, y contaminan al hombre".*

El prejuicio contra las mujeres se encuentra en todas partes pues hay pecado en el corazón humano, pero nunca debe ser parte de la actitud y conducta de un hombre que es un verdadero cristiano.

En este pequeño párrafo, tres veces el Señor Jesucristo usa la palabra "contaminar". Marcos usa una palabra que significa "hacer algo impuro, profanarlo". Dice que aquello que hace las cosas impuras, que produce lo profano, lo que nos mueve a actuar erróneamente en nuestra vida personal, familiar y conyugal, nace de dentro del corazón del ser humano y es allí precisamente donde debemos cambiar.

El versículo 21 nos recuerda lo terrible de los malos pensamientos. La lengua se llena porque es alimentada por los malos pensamientos y una vez que recibe esa poderosa influencia, lanza sus andanadas verbales para herir a las personas que nos escuchan.

Es cierto que usted no encuentra la palabra "prejuicio" en este pasaje de la Biblia y a pesar de su intento, no hallará esta palabra pues no aparece. Usted puede encontrar la palabra, "parcial" o la palabra "parcialidad" pero no "prejuicio". Sin embargo, el concepto está entretejido entre este manto de pensamientos malvados. Es que el adulterio, homicidio, lascivia, soberbia, y la maledicencia, todos comienzan en el interior del hombre, en su mente y luego se convierten en declaraciones fuertes y destructivas que afectan nuestras relaciones interpersonales. Estas motivaciones erróneas pueden mover a los pobres a despreciar a los ricos, por el sólo hecho de ser ricos, o los ricos a despreciar a los pobres, sólo por ser pobres.

Por esta misma razón los católicos pueden atacar a los evangélicos, los judíos a los cristianos, o darse la acción de manera inversa. Esta motivación pecaminosa puede llevar al cristiano a despreciar al no creyente, por el sólo hecho de no serlo, al no religioso despreciar al cristiano por profesar su fe, y aun los hombres subestimar a las mujeres por el sólo hecho de pensar y actuar diferente. El prejuicio se encuentra en todas partes y se anida dentro de todo corazón humano, pero nunca debe ser parte de la actitud y conducta de un verdadero cristiano.

Definición de una actitud errada

El prejuicio es esa actitud errónea que nos mueve a juzgar a otra persona y parcializarnos. El prejuicio es la actitud equivocada que resulta de nuestra mala formación, de nuestra naturaleza pecaminosa, que nos motiva a pensar mal de otros, y tener acciones que ignoran o desprecian los derechos de los demás. El prejuicio es una actitud preconcebida, es una opinión que nos lleva a tener un juicio irracional de hostilidad dirigida hacia algún individuo, un grupo, una raza o sus supuestas características. El "prejuicio," explicado en forma sencilla es un juicio previo. Juzgar prematuramente, es formar una opinión con base en ideas preconcebidas. El prejuicio tiene un efecto enceguecedor, y los hombres que son víctimas de el, desprecian a las mujeres. Algunos tienen actitudes irracionales contra ellas y otros desprecian sus derechos.

Creo que todos en algún momento hemos sido testigos de acciones y actitudes motivadas por el prejuicio de alguna persona, pues tristemente éste existe en todo lugar y cultura. Pero debido a que deseo ayudarle a que conozca a su esposa y la ame como Dios desea, mi intento es que usted tenga la capacidad de identificar a este monstruo que poco a poco fuimos alimentando y que hoy puede estar impidiendo que usted tenga una relación saludable con el sexo opuesto. Para poder identificar a este destructivo monstruo haré las siguientes observaciones generales.

Nacemos pecadores, pero no prejuiciados

Aunque somos influenciados por nuestra naturaleza pecaminosa para tener prejuicios, no nacemos con ellos, los aprendemos.

Ricardo no nació pensando que el hombre era de la calle y la mujer de la casa. Su padre fue siempre un proveedor económico, pero nunca suplió para las necesidades espirituales ni emocionales de sus hijos. Como digo en mi libro *Padre o Progenitor*, el padre de Ricardo solo trajo hijos al mundo y proveyó sus necesidades materiales, pero no fue un padre dedicado a la formación de sus hijos. Ricardo fue testigo de como su padre impidió que su madre trabajara fuera de casa, aunque ella era más educada que él. Aun cuando sus dos hijos ya estaban en la escuela y ella tenía mucho tiempo libre en casa, el padre de Ricardo se opuso violentamente a que su esposa trabajara. Su dicho siempre era: "los hombres son de la calle y la mujer de la casa".

Ricardo aprendió el mismo sistema de pensamiento. Aunque le dio unos pocos toques modernos y modificó en algo su postura, tampoco aceptaba que su esposa trabajara. Después de varias sesiones de asesoramiento nunca pudo encontrar razones poderosas para impedir que su cónyuge cumpliera su deseo de trabajar en la profesión que le había costado varios años de estudio adquirir. Ricardo no nació prejuiciado, así fue formado.

Nacemos pecadores pero no con prejuicios, los aprendemos, éstos son aceptados por nuestra naturaleza pecaminosa y podemos hacerlos parte de nuestra vida. Cuando somos niños no nos molesta el estar cerca de un hombre blanco, una mujer negra, ni tenemos conflicto que una mujer de otra raza nos cambie de pañales. Usted no se molestó cuando le llevaron al jardín de infantes y se dio cuenta que le enseñaría alguien de diferente color o sexo. El desprecio o el juicio anticipado de otras personas y razas lo aprendimos poco a poco.

Aunque somos influenciados por nuestra naturaleza pecaminosa y por ello tenemos prejuicios, no nacemos con ellos, los aprendemos.

Algunos crecieron en hogares con muchos prejuicios y sus padres modelaron esa actitud errónea, y a través de los años usted ha experimentado esa tendencia a despreciar a otros. El prejuicio es algo vergonzoso, algo que quebranta el corazón y destruye las relaciones interpersonales. No podemos tener un matrimonio saludable cuando tenemos prejuicios enfermos. La brutalidad y el daño que pueden provocar van más allá de la imaginación.

Los prejuicios enceguecen

He notado que los prejuicios enceguecen a las personas y no les dejan ver la realidad. En Mateo Capítulo 6 Jesucristo enseña sobre esto. Él dice que nuestros ojos son como ventanas. Ellos permiten que entre la luz la cual forma una imagen en el milagro de la visión. Nuestro cerebro transforma ésto en pensamiento, en conceptos e ideas. Note lo que dice en el versículo 22: *"La lámpara del cuerpo es el ojo; así que, si tu ojo es bueno, todo tu cuerpo estará lleno de luz"*.

Esto que Jesús enseña no sólo tiene que ver con lo físico, es también verdad en nuestra vida emocional. Manuel no podía aceptar que su esposa no quisiera tener relaciones sexuales cuando estaba cansada. En las sesiones de consejería repitió en muchas ocasiones que él también se cansaba en el trabajo, pero tenía que laborar y que también llegaba agotado a la casa, pero tenía que cumplir ciertas tareas y preguntaba: ¿Por qué ella no puede cumplir con su obligación de tener relaciones sexuales conmigo aunque esté cansada?

Manuel veía con recelo a su esposa y tenía una actitud parcializada. Él creía que su esposa era mujer por fuera pero tenía que ser hombre por dentro. Pensaba que ella debía experimentar lo que él sentía de la misma forma, y no entendía que la mujer fue creada por Dios para ser muy diferente al hombre. La realidad era que a Manuel no le importaba cuan cansado estaba cuando se trataba de tener relaciones sexuales, pero no entendía la realidad de que su esposa no estaba inventando que el cansancio le impedía tener intimidad, sino que en realidad le afectaba. Manuel estaba en tinieblas, estaba enceguecido por una idea preconcebida, que tenía que ser corregida. Por sus prejuicios sobre la realidad de la mujer, él no sabía vivir con las diferencias.

Quienes hemos aprendido a luchar contra los prejuicios tenemos una mayor comprensión y aceptación de las diferencias que aquellos que son prejuiciados. Ahora, observe lo que dice el versículo 23: "*...pero si tu ojo es maligno, todo tu cuerpo estará en tinieblas. Así que, si la luz que en ti hay es tinieblas, ¿cuántas no serán las mismas tinieblas?*"

Nuestros ojos son como ventanas. Si el ojo es malo todo el cuerpo está lleno de tinieblas. Si el ojo del hombre mira a la mujer sin empatía, si su oído la escucha pero ya tiene formado un concepto de ella, permanecerá en tinieblas, las opiniones de ella serán ignoradas y no le daremos el valor y la dignidad que merece. Un hombre que se mantiene en las tinieblas del desprecio femenino, también mantiene en la oscuridad su relación conyugal.

Los prejuicios nos dejan atrapados

El prejuicio nos deja atrapados en ideas anticuadas. No es posible estar lleno de prejuicios y ser una persona innovadora y creativa. La creatividad y la innovación no florecen en las mentes prejuiciadas. Las personas que han eliminado sus concepciones están abiertas a nuevas ideas. Los esposos que determinan suprimir sus prejuicios, abren la posibilidad de ser entrenados para convertirse en excelentes maridos.No nacemos como buenos maridos, lo hacemos como pecadores. Nuestra naturaleza carnal no nos motiva a dar la importancia que tiene nuestro cónyuge, sino más bien nos induce a tener actitudes egoístas y obrar con orgullo.

Alejandro había llevado a su familia a una severa crisis económica. Siempre le enseñaron que era el hombre quien debía manejar el dinero. Durante muchos años de su relación conyugal, su esposa solamente recibía lo que era necesario para comprar el mercado para la comida de la familia. En varias ocasiones me comentó que para poder comprarse algo, acostumbraba a ahorrar del poco dinero que su esposo le daba y le hacía creer que había gastado todo. Ella no tenía idea cuanto ganaba su esposo ni manejaba otro dinero que no fuera el que recibía para la comida. Admitió que aun para ofrendar, su esposo le pasaba en la iglesia un billete para que ofrendara. A Alejandro no le importaba que Teresa fuera una contadora graduada y que por cinco años antes de casarse manejara las finanzas de la pequeña empresa donde trabajaba. Alejandro estaba prejuiciado. Su criterio era que las mujeres que manejaban el dinero recibían poder para manipular al hombre y que éste era el encargado de manejar las finanzas.

Después de meses de asesoramiento, Alejandro y Teresa comprendieron que el dinero que proveía el marido no era propiedad de él, sino patrimonio de la familia y que la designación del encargado para manejar el dinero de la familia no dependía del sexo ni del deseo de los cónyuges sino de cuál de los cónyuges tenía la habilidad para hacerlo. Una vez destruido el prejuicio y después de reconocer su error, Alejandro aceptó que su esposa manejara las finanzas de la familia y con el paso del tiempo, no solo comprobó que tenia la educación, sino también la habilidad para sacar a la familia de la crisis económica que por años habían sufrido debido a que su esposo estaba anclado a ideas antiguas y equivocadas.

El prejuicio no es solo racial o en contra de algún género. A veces ocurre en áreas neutrales. La humanidad tiene una historia de prevenciones raciales que ha dañado las relaciones familiares, pero no son los únicos que han existido. Los blancos estaban recelosos contra las personas de raza negra y por sus aceptaciones erróneas, esta raza fue despreciada. Pero, además de esos prejuicios raciales, existían otros que impedían el avance de la técnica, como en los sucesos relacionados con el descubrimiento del cloroformo por el doctor James Simpson.

Él tuvo que luchar contra los obstáculos que en sus días existían en el campo médico y religioso. Él realizaba serios esfuerzos para que la gente entendiera acerca de los beneficios que tenía el cloroformo cuando era usado como una forma de anestésico. Observe lo que dice alguien que escribió una biografía de este doctor: "el prejuicio, la lisiada determinación de caminar solamente en caminos gastados por el tiempo, se levantó en contra de esta idea e hizo todo lo posible para sofocar la bendición de este nuevo descubrimiento".

Otro escritor que estaba en contra del descubrimiento de Simpson dijo que la idea de utilizar el cloroformo como una forma de anestesia: "Es una estratagema de Satanás que impide que llegue a Dios aquel grito profundo que debe levantarse hacia Él en tiempos de conflictos".

Sin duda este comentario provenía de una persona que nunca había tenido que pasar por una cirugía sin anestesia. Muchos prejuicios son producto de nuestra ignorancia. Nos quedamos anclados a las ideas ridículas del pasado y pensamos erróneamente.

Cuando se hacían las investigaciones para fabricar trenes de alta velocidad, un hombre escribió: "Que los trenes viajen a alta velocidad no es posible debido a que los pasajeros tendrán serias dificultades para respirar y morirían de asfixia".

Esta misma persona dijo que ningún barco de vapor seria capaz de cruzar el Atlántico porque se requeriría más carbón del que el barco podría llevar. Dos años más tarde, un gran barco a vapor cruzaba el Atlántico. Otro hombre escribió lo siguiente: "Los animales que se mueven tienen extremidades y músculos. La tierra no tiene ni extremidades ni músculos, por lo tanto, no se mueve".

El señor Phyllip Hale, un critico de la música de Boston, en 1837 dijo: "Si la séptima sinfonía de Bethoveen no es condensada caerá en el desuso".

Otra persona dijo "Que volar en maquinas mas pesadas que el aire es algo no práctico e insignificante, más bien imposible". Dieciocho meses más tarde, el señor Simón Newcomb tuvo que escribir acerca del primer vuelo realizado por los hermanos Wright.

Un maestro de escuela en Munich dijo lo siguiente a un niño cuando tenia diez años: "Nunca llegaras a ser algo". El niño Albert Einstein siguió creciendo y comprobando cuan equivocado estaba su prejuiciado maestro.

El paso de los años ha seguido confirmando lo equivocados que están y estarán todos los que juzgan erróneamente a otros por la ignorancia que ellos tienen. La vida seguirá comprobando que cualquier mujer prejuiciada contra un hombre o viceversa, se equivoca. Nadie que actúa basado en prevenciones aprendidas puede comprender la realidad que vive la otra persona. Los prejuicios son un obstáculo para la empatía, no podemos comprender profundamente a otra persona cuando no vencemos la barrera de las suspicacias personales.

No nacemos como buenos maridos, nacemos como pecadores y estamos prejuiciados por el pecado. Nuestra naturaleza pecaminosa no nos motiva a dar la importancia que tiene nuestro cónyuge y respetar su dignidad, sino más bien nos induce a tener actitudes egoístas y obrar con orgullo y con maldad.

Jesucristo y los prejuicios

El prejuicio también mostró su espantosa cabeza en los días de Jesucristo. Por supuesto no encontramos la palabra escrita allí, pero se desarrollaba alrededor de la vida de Jesucristo. Muy pronto en el sencillo desarrollo de su existencia, el Señor fue testigo del desprecio que existía en su época contra las personas de otra nacionalidad, o quienes tenían otra cultura, contra los judíos que se mezclaban con otras razas y también por las mujeres.

Palestina en los días de Jesucristo era solamente de 192 kilómetros de largo. Galilea era el territorio más al norte. En el territorio que se encontraba más al sur, estaba Judea. En medio de aquel territorio estaba Samaria. Los judíos odiaban a los habitantes de esa tierra llamados los samaritanos, y los aborrecían de tal manera que incluso evitaban atravesar por Samaria si tenían que viajar de norte a sur o viceversa. Ellos preferían dar una inmensa vuelta más allá del Jordán para no pasar por la tierra de los samaritanos pues no querían ni pisar territorio, y mucho menos relacionarse con quienes debido a su mezcla, eran considerados medio judíos. Déjeme mostrarle lo que ocurría según el relato que aparece en Juan capítulo 4: *"Cuando, pues, el Señor entendió que los fariseos habían oído decir: Jesús hace y bautiza mas discípulos que Juan (aunque Jesús no bautizaba, sino sus discípulos), salió de Judea, y se fue otra vez a Galilea. Y le era necesario pasar por Samaria"*.

Recuerde que los judíos preferían evitar pasar por Samaria y dar una inmensa vuelta para ir de norte a sur o a la inversa. Pero según el versículo 5 Jesús hizo algo no común: *"Vino, pues, a una ciudad de Samaria llamada Sicar, junto a la heredad que Jacob dio a su hijo José. Y estaba allí el pozo de Jacob. Entonces Jesús, cansado del camino, se sentó así junto al pozo. Era como la hora sexta. Vino una mujer de Samaria a sacar agua; y Jesús le dijo: Dame de beber.*

Note el énfasis que esta poniendo Juan al escribir esto. El versículo 4 dice que le era necesario pasar por Samaria. El versículo 5 dice que fue a Samaria y el versículo 7 agrega que vio a una mujer de Samaria. Esa repetición indica que Juan esta enfatizando el lugar donde se encontraba Jesús. El versículo 8 nos dice que sus discípulos habían ido a la ciudad a comprar de comer. Note ahora lo que ocurre en el versículo 9: *"La mujer samaritana le dijo: ¿Cómo tú, siendo judío, me pides a mí de beber, que soy mujer samaritana? Porque judíos y samaritanos no se tratan entre sí"*.

En este relato es evidente que el Señor rompió todos los prejuicios que eran típicos de su época. En su encuentro de amor y respeto por la mujer, le dio una gran lección a ésta mujer que no podía imaginarse que un hombre judío la tratara de una forma tan amable. Su sorpresa fue el resultado del trato que había recibido anteriormente y su conocimiento del desprecio que experimentaban las mujeres y los samaritanos.

Recuerde que ella no solo era despreciada por ser samaritana, sino que, además, era despreciada por ser mujer. La actuación y la actitud de Jesucristo presentan un gran ejemplo de lo que Él demanda de nosotros, los hombres que le amamos y apreciamos sus enseñanzas. El ejemplo de Jesús nos motiva a amar a las mujeres y nunca despreciarlas. Cuando usted tiene un encuentro con las enseñanzas de Jesucristo y determina que Él será su salvador y su maestro, al adoptar esos principios podrá destruir las ideas equivocadas con respecto a usted mismo y hacia otras personas. Él le enseñará que al vivir en el reino de Dios, incluirá con amor a los demás y no los despreciará ni los ignorará.

Toda persona que estudia la Biblia y determina investigar como relacionarse con sabiduría, conforme a los principios eternos y absolutos nacidos en el corazón de Dios, descubrirá que debido a la venida y enseñanza de Jesucristo ya no hay varón ni mujer, no hay judío ni gentil, no hay pobre ni rico. Al estudiar el mundo del varón y de la mujer y al intentar vivir en armonía y unidad, usted descubrirá que lo importante no es lo que usted piensa, sino lo que Dios dice. Usted descubrirá cuanto ama el Señor a la mujer, así lo demostró a la samaritana, a la mujer adúltera, a María su madre hasta la cruz, así como amó a sus amigas Maria y Marta, así como amó a la mujer endemoniada que liberó, esa sencilla mujer que con ternura y en una de las adoraciones mas extravagantes, derramó un costoso perfume a sus pies.

Por supuesto, que todos los que decimos amar al Señor debemos imitar su ejemplo. Todos los que decimos ser sus hijos y discípulos tenemos que obedecer sus mandamientos y ellos nos ordenan amar a la mujer y tratarla con la ternura y dignidad que su creador le dio.

Estoy convencido que si obedece las enseñanzas de Jesucristo, Él hará algo con los prejuicios que usted puede tener. Él suavizará su espíritu y podrá aceptar a la mujer tal como es, como la hizo Dios, con las virtudes y talentos que el Señor le dio y con las diferencias maravillosas que Él permitió. Si usted determina amar a las mujeres como Dios manda, entonces estará dispuesto a convertirse en un buen líder y Él le dará una visión distinta de las personas del sexo opuesto. Pasará con usted a través de las barreras y las murallas de los prejuicios y le permitirá tener una relación que no solo construye la vida de la mujer, sino que además, lo convertirá en un varón amoroso que disfruta de realización por ser el hombre libre de prejuicios que el Señor quiere que sea.

CAPÍTULO TERCERO

· · · · · · · ·

"La mujer es un cofre donde Dios puso tesoros extraordinarios que todo hombre tiene la capacidad de descubrir. Pero solo logran descubrir y disfrutar de esos tesoros maravillosos, los que han decidido conocer a su esposa y convertirse en hombres sabios, tiernos y amorosos".

3
Un cofre de tesoros llamado Mujer

En mi libro *Tesoros de Intimidad* cito al Señor Robert Ballard, el descubridor del Titanic. No me impactó tanto el hecho de que por sus investigaciones bien realizadas haya descubierto grandes tesoros, sino lo que dijo con respecto a su extraordinaria labor. El dijo que el tesoro más grande que ha encontrado no son los tesoros en si, sino el extraordinario conocimiento acerca de los tesoros encontrados. Creo que lo mismo debe ocurrir con nosotros los hombres. Para quien realmente desea amar a su esposa es esencial que realice una búsqueda de los tesoros que Dios puso en ella. Mientras más tiempo dedique a investigarla, entenderla y admirarla, más se deleitará en conocerla. Para el hombre sabio y amoroso, el más grande tesoro no es el cuerpo sensual de su mujer, sino el conocimiento que tiene de ella. Ese hombre se deleita en conocer sus emociones, necesidades, gustos, debilidades, fortalezas y anhelos.

Para conocer a la mujer tenemos que descubrir los tesoros que en ella están ocultos y cuando lo hacemos, debe ser nuestro deleite disfrutarlos. Existen algunas cualidades otorgadas por Dios que han sido ubicadas en la vida de la mujer que la hacen única, porque no se encuentran en ninguna otra criatura. Las cualidades que tiene la mujer son muchas, y en este capítulo sólo quiero hacer un pequeño análisis de algunas que considero sumamente importantes.

La sorprendente intuición femenina

Algunos le han llamado un sexto sentido que reside en la mayoría de la vida de las mujeres y que les ayuda a penetrar en un mundo que para nosotros, los hombres, es imposible. En ciertas ocasiones les permite encontrar la verdad aun cuando el error y la falsedad están siendo presentadas. Las mujeres tienen la habilidad de descubrir el carácter o la falta de carácter adecuado en la persona, mientras que los hombres tenemos la inclinación a pasar por alto muchas cosas. Esta percepción muchas veces es increíble, en muchas ocasiones nos sorprende y por momentos hasta nos molesta. Escuchar las opiniones de nuestras esposas y poner atención a su resistencia, a su renuencia, a su oposición a determinadas decisiones que debemos tomar nos debe motivar a examinar y evaluar con más detenimiento y sabiduría la decisión que queremos tomar y que es rechazada por la mujer.

Para conocer a la mujer tenemos que ser lo suficientemente inteligentes y hábiles para descubrir los tesoros maravillosos que en ella están ocultos y cuando lo hacemos, debemos no sólo deleitarnos y disfrutarlos sino con mucha sabiduría admirarlos y cuidarlos.

Mi llamado es a que seamos sabios y pensemos bien, mi consejo es que si su esposa tiene una opinión fuerte y contraria a la decisión que desea tomar, tome más tiempo para analizar y en ciertas ocasiones cambiar su decisión. Eso no significa que ellas siempre están acertadas o que todas las actitudes de rechazo a las decisiones de su marido son correctas. Ellas también son seres humanos que se equivocan y su percepción no siempre es acertada, pero siempre debe ser considerada seriamente.

La poderosa fortaleza femenina

Dios ha dado a la mujer mayor fortaleza para soportar el dolor que la que nos ha dado a la mayoría de los hombres. Las mujeres tienen la habilidad de manejar las situaciones difíciles con mayor determinación. Tienen la habilidad de seguir adelante en medio de circunstancias casi imposibles de soportar y cuando enfrentan situaciones muy complicadas, ellas con una gran determinación, perseveran a pesar del sufrimiento que experimentan. Muchos hombres se han mantenido en sus trabajos, precisamente por la determinación y las palabras de aliento de sus esposas.

Los hombres que necesitan ejemplos de la fortaleza de las mujeres pueden observar a sus esposas como se levantan en las noches a atender a sus hijos, especialmente cuando son pequeños y deben darles el seno y como se levantan nuevamente de mañana para atender a los otros hijos que deben ir a la escuela. Deben observar como pasan con fortaleza la temporada de embarazo a pesar de todos los estragos que experimentan.

Su gran sensibilidad

Al observar el comportamiento de la mujer es fácil notar su gran sensibilidad. Dios ha dado a la mujer una forma única de responder en el área emocional y espiritual. Nosotros, los hombres, nos inclinamos a ser más cerrados y privados en nuestras relaciones interpersonales y más resistentes a relacionarnos con Dios y con la iglesia. Las mujeres tienden a ser más sensibles y por ello identifican con mayor rapidez los conflictos de la vida familiar. Aunque algunos hombres se molestan porque sus esposas se dan cuenta de los conflictos en la vida familiar y buscan confrontarlos, ellas prefieren a buscar soluciones. A pesar de que a muchos les desagrade que ellas compartan sus problemas o busquen ayuda espiritual y se sientan amenazados porque otros conocerán de sus problemas, ellas optan por buscar ayuda con mayor facilidad.

Fuertes y vulnerables

La mujer tiene esa paradójica combinación de ser fuerte y vulnerable a la vez. Debido a su sensibilidad y manejo emocional de la vida, pueden ser manipuladas. La mayoría de los hombres tenemos mucho más temor de abrir nuestro corazón, la mayoría de las mujeres pueden contar la verdad acerca de sus vidas, sin importarles que los demás descubran lo que realmente son. Por eso la mayoría de los consejeros podemos decir que más de un 70% de nuestros aconsejados son mujeres. Ellas son las que están dispuestas a revelar su dolor y hacer conocer su confusión.

Un examen sencillo de las complicadas diferencias

A medida que pasan los años, más aumenta mi respeto por el mundo de la mujer; no sólo por su papel como esposa y ama de casa, sino también por su desempeño como profesional. En la actualidad muchas mujeres no sólo trabajan en la casa sino que también fuera de ella. Algunas mujeres tienen que abandonar durante ciertas horas del día las duras tareas del hogar y el cuidado de los niños para dedicarse a otra ardua labor fuera del hogar, ya sea porque es indispensable dadas las circunstancias de la familia o porque ella eligió hacerlo así.

Creo que la mayoría de los hombres comprendemos sólo en parte el complicado mundo de la mujer y cometeríamos un serio error si intentáramos desvalorizar la importancia que tiene el entorno del hogar y la educación que allí reciben nuestros hijos con la maravillosa influencia de su madre. Por cierto, los hombres vivimos un mundo muy diferente al de la mujer y no es difícil comprender su circulo de frustraciones. Es hermoso y edificante que existan maridos que se preocupan, que hacen serios esfuerzos por comprender y por apoyar a su mujer, pero también es triste que existan muchos hombres que son incapaces de ponerse en el lugar de su mujer, que no tienen empatía ni pueden comprender lo que ellas sienten y experimentan. No actúa sabiamente el hombre que esta demasiado ocupado en sus asuntos personales e ignora las necesidades de su relación conyugal. No lo hace con sabiduría el que desconoce e irrespeta el extraordinario pero complicado mundo de las diferencias.

Las diferencias son hermosas cuando creemos que son el mejor complemento para nuestras falencias. Cuando nos damos cuenta que aquello que no podemos hacer o sentir, puede ser hecho o sentido por otra persona que nos ama y que hará lo mejor por nosotros, las diferencias no nos amenazan sino más bien nos alegran y son de gran ayuda.

No actúa con sabiduría ni puede tener una relación que se caracteriza por la excelencia, el hombre que desconoce e irrespeta el extraordinario, pero complicado mundo de las diferencias.

Para entender el mundo de la mujer, tenemos que comprender cuán diferentes nos creó Dios y hacer serios esfuerzos para saber vivir con las diferencias. Pero la verdad es que aunque tratemos con toda sinceridad y hagamos nuestro mejor esfuerzo para suplir las necesidades psicológicas de nuestras esposas, nos enfrentaremos a una tarea imposible si no dedicamos el tiempo suficiente a conocerlas.

El conocer acerca de las diferencias y saber vivir con ellas es esencial para la salud de la relación conyugal, pues una gran parte de los conflictos en la vida matrimonial son producto de la falta de comprensión y capacidad para vivir aceptando y disfrutando las diferencias. Las diferencias físicas, emocionales y mentales son tan extremas que sin el debido conocimiento, un serio esfuerzo para comprenderlas y una gran determinación para aceptarlas es prácticamente imposible tener una vida conyugal realizada.

Las diferencias físicas

Aunque las diferencias físicas son obvias, es necesario que hagamos un justo análisis de ellas para estar conscientes de las características y necesidades de cada sexo. Los entendidos dicen que prácticamente cada célula en el cuerpo de un hombre tiene una composición de cromosomas diferente al cuerpo de la mujer. El Dr. James Dobson afirma que hay fuerte evidencia que indica que el asiento de las emociones en el cerebro de un hombre está organizado de forma diferente al de la mujer. Debido a estas dos diferencias esenciales, existe una gran separación en el mundo emocional y físico de ambos sexos.

La mujer tiene una constitución que le ayuda a tener mayor longevidad. Para algunos puede resultar extraño saber, por ejemplo, que la mujer generalmente tiene más grande el estómago, los riñones, el hígado y el apéndice; y más pequeños, los pulmones. Ellas tienen más tendencia a cansarse y son más propensas a desmayarse, pues su sangre contiene más agua. El corazón de la mujer late más rápido: 80 latidos por minuto, contra 72 del hombre. Incluso la presión sanguínea es 10 puntos más baja que la del hombre y está mucho menos propensa a la hipertensión, por lo menos hasta la menopausia.

Diferencias en las funciones corporales.

Existe otra diferencia que es importante destacar porque, aunque muchos hombres no comprendan, tienen efecto en la vida de la mujer y por lo tanto, afecta mucho las relaciones entre los cónyuges. La mujer tiene varias funciones orgánicas muy importantes que no tenemos los hombres y ni siquiera imaginamos sus efectos. La menstruación, el embarazo y la lactancia son funciones exclusivamente femeninas.

Lo que demasiados hombres y también muchas mujeres no saben es que estas funciones influyen en su conducta y en sus sentimientos. La glándula tiroides trabaja en forma diferente en los dos sexos y tiene una influencia importante.

La tiroides de la mujer es más grande y más activa. Se agranda durante el embarazo y también durante la menstruación. Esto hace que la mujer sea más propensa al bocio, que es el aumento nodular de la glándula tiroides, o al hipertiroidismo, que es un aumento en la función de la glándula tiroides y que origina trastornos como taquicardia, temblor, adelgazamiento, excitabilidad, etc. El hecho que la tiroides de la mujer sea diferente le da más resistencia al frío. Esta diferencia también está relacionada con la suavidad de su piel, con la ausencia relativa de pelo en su cuerpo y con la delgada capa de grasa subcutánea.
Estos son elementos importantes en el concepto de la belleza personal.
También la tiroides contribuye a la inestabilidad emocional de la mujer. Ella se ríe y llora con más facilidad que el hombre. Pero además de estas diferencias fisiológicas, cada uno de los dos sexos ha sido bendecido con una gran variedad de características emocionales únicas.

Estoy convencido que gran parte del éxito de la relación conyugal depende de la sensibilidad y sabiduría del hombre en su trato con su esposa. Si nosotros somos menos movidos por las emociones y más prácticos, entonces tenemos la capacidad de ayudar a nuestra esposa que es más emocional y sensible. Creo que ninguna mujer normal tendría dificultad de obedecer y de acercarse a un hombre tierno y respetuoso que demuestra su amor y preocupación por ella, pero en la práctica, no es fácil ayudar a una mujer que está experimentando una temporada de sensibilidad, irritabilidad o depresión como producto de su embarazo, menstruación o menopausia.

Estas y otras razones nos deben motivar para convertirnos en esposos comprensivos que lidian con estas situaciones pues no solamente nosotros experimentamos la paz de actuar con sabiduría, sino que también debido a nuestra respuesta inteligente y amorosa en vez de ahondar la crisis de nuestra esposa, somos una fuente de ayuda.
Le motivo a hacer todo esfuerzo por comprender las diferencias y aprenderá a vivir con ellas por el bien personal, de su cónyuge, de su relación matrimonial y de su familia.

Las encuestas han establecido que lo que más anhelan los hombres es tranquilidad en su hogar. Lo paradójico es que los hombres somos los mayores responsables de conducir nuestra relación conyugal hacia la paz a pesar de las crisis.

Tristemente hay quienes esperan que esta responsabilidad la tome su esposa, a pesar de querer ser reconocidos como líderes de su familia. Por experiencia propia, estoy convencido que para poder disfrutar de una relación de paz en nuestra vida matrimonial, necesitamos entender el mundo de la mujer. Al conocer más de ese mundo tan secreto para nosotros y si realizamos una evaluación honesta, podremos descubrir en qué áreas nosotros estamos lastimando a nuestras esposas. Pero identificar nuestras fallas no es la meta que persigo. Al descubrir nuestras falencias, debemos luchar por encontrar la fórmula para evitar causar daño a quien decimos amar.

Estoy convencido que gran parte del éxito de la relación conyugal depende de la sensibilidad y sabiduría del hombre que le capacita para tratar a su esposa no como él se imagina, sino como Dios le ordena.

La autoestima de la mujer

La autoestima es la consideración, el aprecio que tiene cada persona por sí misma. Es el valor que la persona se da al evaluarse. Un nivel apropiado de autoestima nos ayuda a enfrentar la vida con mayor seguridad. La mujer que tiene una autoestima apropiada aprende a tener una buena visión de sí misma; a conocer sus fortalezas y también sus debilidades, puede trabajar con libertad para mejorar sus áreas de debilidad y sabe utilizar con sabiduría sus áreas de fortaleza. La esposa que tiene una autoestima apropiada sabe poner límites adecuados para que nadie traspase sus zonas de seguridad y le cause daño.

Tener una auto estima apropiada significa que la persona sabe darse el valor que tiene y entiende que el valor de su vida se lo da el Creador y no la opinión de otra persona. Quien tiene una autoestima saludable ha aprendido a amarse con sabiduría y a relacionarse con inteligencia, a decir "no" a todo lo que le provocará daño o lo hará a otra persona y a decir "si" a todo lo que le beneficiará o ayudará a otra persona. Cuando un cónyuge tiene una autoestima exagerada, se convierte en un arrogante lleno de vanidad que desprecia a su pareja. Generalmente llega a la soberbia y desprecia las opiniones, los gustos y aun los derechos del ser que dice amar. Una persona orgullosa se vuelve insensible e irrespetuosa y tiende a no dar el valor que las personas tienen.

En el otro extremo, se encuentran las personas con baja autoestima. Quien tiene baja estimación se convierte en un ser vulnerable y sin límites. Debido al pobre concepto que tiene de sí mismo, cualquiera puede herirle y en vez de proteger sabiamente su vida, permite acciones o actitudes que le dañan. El cónyuge que tiene baja autoestima se desprecia a sí mismo; se siente impotente e incapaz en la vida y se enfoca en sus debilidades o depende de la opinión de otros acerca de cuáles son sus debilidades.

Desde niños tenemos que aprender a equilibrar nuestros puntos débiles, aprovechando los beneficios de nuestros puntos fuertes. Los padres somos responsables de ayudar a nuestros hijos a descubrir cuáles son sus puntos fuertes y enseñarles a usarlos para obtener satisfacción en ellos. Los padres tenemos que enseñar a los hijos a tener confianza en sí mismos, a saber compensar apropiadamente sus puntos fuertes con los débiles. Los esposos sabios deben ayudar a sus esposas a darse el valor que tienen. Debido a que ellas en vez de mirarse en el espejo divino que les dice honesta y verdaderamente lo que son, se miran en el espejo falible de sus esposos, lo que nosotros les hacemos sentir es vital para su estima. Gran parte del concepto que ellas tienen de sí mismas lo obtienen de la opinión regular del hombre que aman. Por ello, para una esposa es tan importante lo que piensa su marido de ella. Después de todo, su esposo es la persona más valiosa del mundo.

El ama de casa y la estima de su amante

Como he dicho, los hombres y las mujeres tienen las mismas necesidades de auto estimación y sentido de pertenencia, pero ven esas necesidades desde un ángulo distinto; especialmente si la mujer es ama de casa. La mujer que se dedica exclusivamente a las labores del hogar necesita ser apoyada permanentemente por su amante esposo, pues la relación romántica con su marido viene a ser prácticamente la única fuente de aumento de su autoestima. Por eso la mujer ama de casa anhela la llegada de su marido y espera con ansias el trato amoroso y romántico de él.

La esposa está en espera de que su marido llegue para que le haga sentir que no es una niña. Así se ha sentido durante todo el día al tratar de relacionarse con empatía con sus hijos. Ella está en espera que llegue su amante para que la haga sentir mujer amada. El ama de casa está esperando que su fuente de aumento de la estimación propia, venga a casa para que la vuelva a hacer sentir femenina. La mujer que trabaja, al igual que el hombre, obtiene satisfacción emocional en la función que realiza y los logros que alcanza en el mundo laboral. La mujer que tiene éxitos profesionales no depende tanto de su marido como fuerza primaria para luchar contra los sentimientos de inferioridad. Por supuesto, él juega un papel muy importante, aunque no esencial para aumentar su estima día a día. Por el contrario, la mujer que trabaja permanentemente en casa, necesita un gran apoyo de su compañero.

Ella no tiene acceso a fuentes externas de refuerzo de la autoestima; puede cocinar y hacer todas las cosas muy bien, pero muchas veces la familia ni siquiera lo agradece, se acuerda de lo que ella ha hecho. Las labores de casa no le dan reconocimiento en la comunidad y muchas veces no alcanza el respeto de sus familiares. Normalmente una ama de casa no recibe alabanzas por la calidad de sus técnicas de limpieza en el hogar, ni por el equilibrio en la nutritiva dieta que prepara para la familia; de manera que, mientras más aislada de las actividades sociales y laborales se encuentra, más vital pasa a ser el criterio, las palabras y las acciones de su marido para ayudarle a sentir que es alguien importante.

Por lo fundamental de esta realidad, quiero enfatizar que la mujer deriva su autoestima esencialmente de la relación amorosa y romántica con su marido. Si usted quiere ver una mujer frustrada y desilusionada, quítele el cariño, el aprecio, la ternura y el romanticismo del hombre que ama. Si quiere ver a un hombre frustrado, quítele los logros que ha alcanzado o impídale lograr cosas en la vida. La auto estima de un hombre aumenta primariamente por los logros alcanzados. Los hombres fuimos creados por Dios como conquistadores y mientras más logros alcancemos, más valor nos damos a nosotros mismos. Pero la fuente primaria de la estima de una mujer es la relación cercana y amorosa con su marido.

Prácticamente, la única fuente de aumento de la auto estima de una mujer ama de casa y madre de niños pequeños, es el concepto que tiene el marido de ella.
Por esto, ella espera con ansias que llegue el amante que la saque del mundo de labores no pagadas y de las relaciones infantiles, para que la conduzca a la relación adulta, llena de respeto y dulzura, con quien ella ama con ternura.

Debo decir que gran parte de los problemas que experimenta la mujer ama de casa, tienen su origen en la actitud de deserción de muchos hombres. Es triste, pero es verdad. Muchos hombres prefieren huir en vez de asumir su importante papel como líder y orientador de su familia. Debido a las reacciones de frustración de su esposa, algunos esposos huyen de la responsabilidad de ser fuente de aumento de la estimación propia de su esposa y abandonan sus responsabilidades aumentando así la tensión de su cónyuge. Algunos no se encargan de la disciplina de los hijos, ni toman un liderazgo sabio en su hogar, por lo que colocan a la mujer en una situación complicada.

Debido a la gran responsabilidad y la cantidad de obligaciones que demanda el hogar y la crianza de los hijos, ella poco a poco va perdiendo su enfoque en sí misma y paulatinamente deja de amarse y orienta su amor casi exclusivamente en dar y servir a su esposo e hijos.

Damaris compartió su tristeza en su primera visita a mi consultorio. Ella no necesitaba establecer confianza con el consejero pues había algo dentro de su corazón que no podía contener. Quería sacar rápidamente todo el dolor que la inundaba. Me repitió muchas veces: —Me miro en el espejo y me desconozco. En este mismo momento me siento vieja y arruinada, a pesar que hice mi mejor esfuerzo por arreglarme para venir a esta sesión de asesoramiento. Damaris había sido una chica que disfrutaba arreglarse, vestirse bien y lucir bonita. —No crea que soy así como me ve ahora —me dijo llorando y abrió su cartera para sacar una foto tomada solamente un año atrás. —Esa era yo, ahora estoy acabada. Fernando en solo cinco años de matrimonio se había encargado, sin quererlo, de ser el verdugo. No apreciaba la comida que Damaris cocinaba. A pesar que le decía que no era mala en la cocina, el siempre aludía a lo maravilloso de las habilidades culinarias de su madre. Después de solo cinco años de casada, Damaris resumía su vida matrimonial con estas palabras: "Me siento un fracaso como mujer, como cocinera y aun ahora como madre pues me pongo de mal genio, me irrita sentirme así, me siento sola y no tengo una buena actitud con mis hijitos".

Dada la situación que Damaris vivía, creo que era normal sentirse de esa manera. Ella había abandonado su profesión, se convirtió en ama de casa y hacia todo esfuerzo por atender a sus hijitos y esposo, pero éste no apreciaba su serio esfuerzo. Más bien se había convertido en un crítico permanente y actuaba como un machista, no movía un dedo en casa para ayudarla en los quehaceres domésticos, por creer que su única responsabilidad era la provisión económica. Damaris había perdido el deseo de tener relaciones sexuales con un hombre que había dejado de ser romántico, que no se preocupaba de su estado emocional, ni le apoyaba y que demandaba más sexo del que ella estaba dispuesta a dar. Me comunicaba con profundo dolor: —No quiero perder mi matrimonio, pero si continuó así, no sólo perderé mi relación con mi marido, sino también mi vida.

El hombre que abandona los deberes que le corresponden debido a los conflictos, o lo difícil de las reacciones de la mujer, no está confrontando las situaciones y conflictos con sabiduría.

No debemos asombrarnos de que muchas mujeres tengan tan poco aprecio por sí mismas, pues el deterioro que sufre la relación de compañerismo y amistad entre marido y mujer les afecta profundamente. Ellas no planifican sentirse así, pero lo viven. Dios las creó para que el valor que se dan a sí mismas esté influenciado por la relación amorosa con su esposo.

Debido a que la fuente externa de refuerzo de la autoestima de la mujer ama de casa es su marido, debemos tener mucho cuidado de que nuestras acciones, palabras y actitudes reflejen lo que el Dios perfecto piensa que ella es, y no lo que nosotros los hombres imperfectos pensamos que ella debe ser.

El mundo emocional de la mujer

Mientras más viajo dictando conferencias, me doy cuenta de la inmensa ignorancia que existe entre los varones con respecto a la influencia que tienen las emociones en la vida de la mujer. Pero a la vez, sé que tenemos razón de no entenderlo porque en forma natural no podemos pensar ni sentir como mujer. Sin embargo, no la tienen quienes piensan que por no comprender ese mundo en forma automática, no deben informarse, estudiarlo y entenderlo. Los hombres y las mujeres diferimos substancialmente en el mundo emocional. Las emociones femeninas están influenciadas por dos funciones reproductivas que son exclusivas del sexo femenino.

Me refiero a la menstruación y a la maternidad. Cada vez que he estudiado el tema he dado gracias a Dios que los hombres no tenemos un periodo menstrual, debido a los inmensos cambios que produce esta función femenina. Los efectos que producen no sólo son desconocidas por los hombres, sino también por muchas mujeres.

La maternidad es un mundo maravilloso pero con grandes desafíos. En la maternidad incluiremos el embarazo y lactancia como funciones exclusivas del mundo femenino. Aunque usted no lo crea, estas etapas tienen gran influencia en las emociones de las madres. La forma en que influyen estas funciones propias de la mujer agrega elementos importantes a ese increíble mundo de diferencias entre los sexos. Es bueno recordar que las emociones residen en lo que se llama el "hipotálamo". Esta región del encéfalo en la base del cerebro, tiene conexiones distintas en ambos sexos.

Un trauma emocional, por ejemplo, puede ser interpretado por esta sede de las emociones enviando mensajes a la glándula pituitaria por medio de neuronas y hormonas. Éste órgano con frecuencia responde alterando la bioquímica de la mujer, incluso en algunos casos interrumpe el ciclo menstrual normal durante seis meses o más.

La mujer normalmente tiene un mayor sentimiento de pertenencia con respecto a su familia y a todo lo que es de su propiedad. Ella entra en un tipo de unidad con su medio ambiente. Le emociona su hogar y las cosas que forman parte de su vivienda. Una casa a su gusto le hace sentir estable.

Normalmente las mujeres tienen un mayor aprecio por la estabilidad, como también una mayor necesidad de seguridad y de tener buenas relaciones humanas. Debido a la mayor identidad con la gente y las cosas que le rodean, tienen más resistencia al cambio. La mujer tiene un gran sentido de pertenencia con sus hijos. Generalmente su interés excede al del marido, porque al ser ella quien da a luz a los hijos, tiene una relación mucho más íntima y cercana con ellos. Ella ha sido muy cercana a su bebé. Su embarazo ha sido un tiempo de cambios en sus emociones y dependencia total de su hijo. Un bebé se está desarrollando en sus entrañas y está directamente relacionado con ella. Así que él percibe los cambios que experimenta su madre.

A veces ella se siente contenta y en ocasiones deprimida. Espera con ansias la llegada de su hijo y se preocupa de su salud. Ella entra en un mundo de restricciones. No puede comer ni hacer todo lo que quisiera. Ella está obligada a pensar en su bebé y cuidarse para atenderlo. Ese nexo se hace cada vez más fuerte y cercano. Los dolores de parto y las complicaciones que existen no le separan del niño, al contrario se siente más unida.

Cuando el niño nace ella se siente emocionada por su nacimiento y abrumada por la responsabilidad. Todos sus esfuerzos se centran en él. El bebé pasa a ser el centro de su atención aun al punto de descuidarse así misma y poner menos interés a su marido. Está invirtiendo su vida en su hijo y existe una conexión inexplicable en la temporada de lactancia. La mujer aprende a buscar la estabilidad, la seguridad y el amor para sus hijos y marido. Por eso, ella tiene más interés en el hogar, en los detalles de la casa donde vive.

La mujer, en consecuencia, tiende a ser más personal que el hombre. Su involucramiento en el proceso de embarazo, nacimiento y lactancia es individual. Se interesa más en las personas, en las emociones y en los sentimientos; mientras que el hombre está más preocupado de las cosas prácticas, aquellas que se pueden entender por deducción lógica. Ésto se traduce en que las mujeres buscan a establecer relaciones más íntimas con las personas que conocen y prefieren sentir más cerca las cosas que les rodean. Es cierto que nosotros los hombres también nos relacionamos con personas y situaciones, pero no tenemos la inclinación a quedar involucrados con las personas o las cosas que nos rodean.

La mujer en cambio, tiene la facilidad de identificarse con las personas y con las cosas de su entorno hay un sentido de unidad con el entorno. Por eso, para ellas es importante el arreglo de su casa y sentirse segura en un lugar. Todo esto hace que le sea más difícil o le tome más tiempo adaptarse a los cambios.

Debido a que las emociones femeninas están influenciadas por dos funciones reproductivas que son exclusivas del sexo femenino, es decir, la menstruación y la maternidad, la única posibilidad de comprender a la mujer y su mundo emocional es conocer como Dios la diseñó, tener empatía y a pesar de las diferencias, relacionarse con ella con mucha sabiduría y prudencia.

La depresión de la mujer

Se cree que la depresión ocurre con menos frecuencia entre los hombres y que, generalmente nos deprimimos debido a problemas específicos y más serios. Por ejemplo, cuando fracasamos en los negocios, nos afecta alguna enfermedad grave o perdemos el trabajo; entonces nos sentimos afectados de tal manera que podemos experimentar una seria crisis. Se notan diferencias cuando uno estudia el mundo de la mujer. Podemos darnos cuenta que ellas sienten desánimo con mayor frecuencia y que muchas caen en un estado de abatimiento indefinido y por cosas no concretas. En algunas ocasiones, las mujeres ni siquiera logran identificar la causa de su depresión. Incluso un día nublado puede ser causa suficiente para traer una presión emocional que las motive a sentirse deprimidas.

Tanto la depresión como la apatía emocional son males comunes entre las mujeres. La mayoría de ellas parecen enfrentar con alguna frecuencia períodos de depresión, cansancio y desinterés. Podemos decir con certeza que la depresión no es una característica exclusiva de la mujer, pero que ocurre con menos frecuencia en el hombre. Por supuesto todos los seres humanos vivimos de alguna manera bajo la influencia de una cierta cantidad de estrés. De hecho se necesita una cierta medida de estrés para responder a las presiones de la vida. Los sentimientos ocasionales de tristeza son parte de la vida normal y no necesariamente debemos referirnos a ellos como si la persona estuviera en una depresión.

Existen situaciones en la vida de todos los seres humanos que pueden convertirse en causas de tristeza, pero las personas que no están bajo depresión se sienten capacitadas para manejarlas. Todos tenemos una fluctuación normal de nuestro estado de ánimo. Si reflejáramos esta variación en un cuadro estadístico, nos daríamos cuenta que existen bajadas y subidas. La diferencia es que algunas mujeres tienden a permanecer en esos sentimientos de tristeza no definida, mucho más tiempo de lo normal. Algunas mujeres se ponen melancólicas y están en estado de desaliento por dos o tres semanas cada mes. Otras, se hunden en la profundidad de su depresión por años.

Causas más comunes de la depresión.

Existen determinados síntomas que pueden ayudarnos a detectar la depresión de nuestras esposas. Un hombre sabio es un constante observador de la salud emocional de su esposa. Si ella permanece por algunos días en un estado de tristeza, se siente sin ánimo, si ha perdido su buen humor, su interés en la vida sexual, si tiene cambios en sus hábitos de dormir y comer, deseos de respirar profundamente o desesperación puede estar experimentando síntomas de depresión. Si presenta por lo menos cuatro o cinco de estos síntomas, es aconsejable sugerir la ayuda de un médico y tener examen completo. Estos síntomas podrían ser causados por deficiencias hormonales, de vitaminas o alguna enfermedad.

La ausencia de relación romántica

Espero que a estas alturas de su lectura esté grabado en su mente que la autoestima de una mujer aumenta básicamente por el buen estado de la relación romántica con su marido. Como consecuencia también una de sus más grandes fuentes de depresión es la ausencia de romanticismo, cercanía e intimidad en su relación matrimonial.

El romanticismo es la expresión de amor en palabras y en forma práctica de quien anhela tocar las emociones más íntimas de la persona amada. El romanticismo es la práctica tierna, bien pensada, que utiliza palabras, actitudes y acciones enfocadas en hacer sentir bien y contenta a la persona amada. El enfoque del romanticismo es llenar la necesidad de cercanía e intimidad que experimenta la mujer. Incluye ser tierno con ésta persona, utilizando no sólo palabras de respeto, sino también acciones que demuestren la importancia que tiene.

La ausencia de una relación cercana bañada en romanticismo puede provocar en la mujer un alto sentido de decepción que es causa de depresión.

El romanticismo conlleva investigar cuáles son los pequeños detalles que le encantan a la otra persona; los lugares que le gusta visitar; las cosas que le gusta hacer; las canciones que le gusta escuchar o las flores que le gusta recibir y compartirlas periódicamente como nutrientes que suplen una necesidad.

El romanticismo implica dedicar tiempo a la esposa, a veces un día completo, en otras ocasiones unas horas o en ciertos momentos unos pocos minutos de atención especial para satisfacer sus gustos femeninos. En algunas ocasiones requiere sacarla de su mundo de ocupaciones como ama de casa y de ansiedad por los niños, para que sienta el contacto personal de comprensión y apoyo del cónyuge que le ama.

Aun esta tarea no es fácil, pues a veces ellas mismas están tan involucradas emocionalmente con sus hijos y tienen un alto sentido de pertenencia con sus hogares que se acostumbran a no salir de su nido. He escuchado a muchos maridos frustrados que han hecho incontables intentos por sacar a sus esposas de la rutina del hogar y de la presión generada por la crianza de los hijos, pero ellas se han convertido en mujeres tan sobre protectoras que no quieren dejar a sus hijos bajo el cuidado de otras personas.

Algunos maridos ni siquiera pueden tener noches románticas porque las esposas insisten en salir con los hijos. En ese caso, la mujer necesita escuchar la orientación de un consejero que le ayude a entender la importancia de aceptar el romanticismo de su esposo y lo clave que es para una relación conyugal saludable. El romanticismo incluye escucharla atentamente y hacerla sentir comprendida, evitando darle soluciones a las situaciones que ella plantea, a menos que ella lo pida explícitamente. Ser romántico incluye tener empatía y simpatía con ella, tratarla con delicadeza, ternura, ser galante y comprensivo.

Los inevitables conflictos familiares

Una segunda causa de depresión en la mujer la constituyen los conflictos con los parientes cercanos. Muchos hombres cometen el serio error de no identificarse con el lado correcto cuando existen conflictos entre la esposa y la familia extensa. Los hombres sabios aprenden a manejar los conflictos que serán parte de toda relación familiar.

Toda familia tendrá conflictos entre sus propios miembros o con los de la familia política. Lo importante es que nosotros comprendamos que debemos ser líderes sabios para manejar los conflictos que aquejen a nuestra familia. De nuestro manejo depende en gran medida la sensación de seguridad y apoyo que necesitan experimentar las esposas. Nosotros debemos ser una fuente confiable de buen juicio y de orientación. Cuando ella no sepa como relacionarse con la familia propia o la familia política, nosotros debemos dar ejemplo de respeto y de sabiduría, digno de ser imitado.

Es cierto que no debemos apoyar los errores de nuestras esposas, pero debemos ayudarla a identificar sus problemas al relacionarse con los familiares y tratarlos en privado, con honestidad y tacto. Debemos evaluar las relaciones, determinar nuestros errores, corregirlos y decidir cual será la forma sabia que utilizaremos como matrimonio para relacionarnos con los familiares más inteligentes y los más conflictivos.

En esta área de las relaciones familiares, nosotros los hombres jugamos un papel muy importante. Nuestra esposa debe saber que ella es la persona más importante para nosotros en todo el mundo y por lo tanto, no permitiremos que nadie la irrespete, pero que tampoco permitiremos que ella irrespete a otras personas. Debemos aprender a relacionarnos sabiamente con nuestros padres, suegros y todos los demás familiares por difíciles que sean. Las opiniones, los gustos, los anhelos de nuestro cónyuge deben ser mucho más importantes que las inclinaciones de los demás. Esto incluye a nuestros padres y a cualquier otra persona que consideremos importante en nuestra vida.

Cuando existen conflictos con algunos familiares cercanos debemos aprender a ser justos y apoyar a nuestra esposa en todo lo que sea saludable. Corregir en privado, con amor y ternura, sus acciones equivocadas. Nuestra esposa tiene que darse cuenta, con los hechos, que es la persona más importante, que le amamos y que, aunque también amamos a nuestros familiares, hemos aprendido a establecer buenos límites de respeto en nuestra relación con todos ellos y que actuaremos con justicia y buenas convicciones y no movidos por las emociones.

El esposo nunca debe permitir que los familiares irrespeten a su esposa, ni permitir que ella irrespete a los familiares. Cuando el líder de la familia es justo y sabio, permitirá relaciones saludables y normales. Las esposas que se sienten amadas y protegidas por esposos amorosos y comprensivos, tienen más fortaleza para evitar caer en momentos depresivos.

Los conflictos con los hijos

Otra causa de depresión de la mujer es inevitable. Nuestros hijos son seres humanos pecadores e imperfectos que cometerán errores y pecados, y nuestras esposas tienen un nexo emocional tan profundo que es imposible que no le afecten los conflictos que experimentan los hijos y los problemas en su relación con ellos. Es precisamente en los problemas con los hijos que ella necesita la comprensión, apoyo, dirección y decisiones sabias de su esposo. Lamentablemente muchos cónyuges, en vez de unirse para confrontar la situación problemática que experimentan con sus hijos, especialmente cuando son adolescentes, inician una batalla campal y se culpan el uno al otro en vez de unirse en la búsqueda de soluciones.

Ésto no solamente trae una terrible depresión a la mujer, sino que también les abre la puerta a los hijos para que se aprovechen de la situación crítica. Los hijos son expertos en aprovechar este tipo de circunstancias. Para muchos, el dicho popular: "en río revuelto ganancia de pescadores", tiene una gran aplicación en la vida real. Cuando los padres están en conflicto y divididos, los hijos aprenden a sacar provecho de la madre o del padre, dependiendo de las circunstancias.

El hombre líder que actúa con justicia y equidad, que en la crianza de sus hijos asume su responsabilidad, no solo educa a sus hijos y les entrega sabia dirección, sino que, además, evita que su esposa experimente depresión.

Si los conflictos que experimentamos en relación con nuestros hijos, o cualquier otra diferencia ocurrida en la relación conyugal, genera serias dificultades entre los esposos, entonces los conflictos en sí mismos no son el problema, sino la falta de sabiduría de los cónyuges. Esa es una clara señal de que no hemos aprendido a manejar las complicaciones con sabiduría. Las situaciones problemáticas de otros no tienen porqué llevarnos a conflictos con la pareja, a menos que nosotros así lo queramos o no estemos capacitados para enfrentarlos con inteligencia.

Los esposos debemos apoyarnos mutuamente y tener acuerdos claros sobre los límites y las reglas disciplinarias, especialmente cuando los hijos son adolescentes o jóvenes y están creando situaciones conflictivas. Los varones debemos ser muy sabios, tomar nuestro papel de líderes con seriedad pues los jóvenes necesitan energía y una buena autoridad. También debemos tomar la autoridad adecuada cuando los niños son pequeños pues mientras más temprano en la vida ellos se dan cuenta que existe un buen mando paterno, más fácil será para todos. Cometen un serio error los padres que piensan: "mis hijos son pequeños, pasan más tiempo con la mamá, ella debe tener más autoridad y yo tengo más libertad pues por el trabajo paso más tiempo fuera del hogar". Los primeros cinco años de formación de un niño son claves.

Los problemas en la disciplina, el orden, los horarios para irse a dormir, y la falta de respeto a la madre, entre otros, deben ser tratados por el padre con autoridad y consistencia. El padre juega un papel decisivo, sobretodo cuando existen niños con voluntad más firme y más activos. Debemos entender que los conflictos con los hijos tocan muy fuerte las emociones de una madre. Generalmente sufre y le afecta más los actos de desobediencia, rebelión y pecaminosidad de los hijos. Por ello, necesita recibir el apoyo sabio de un marido que la ama.

El cansancio y las presiones

La fatiga, la vida apresurada, las tensiones propias de la vida maternal también son causa de depresión. De la misma manera que nosotros nos deprimimos como producto del estrés que resulta del sobre-involucramiento, el cansancio y la vida apresurada que vivimos fuera del hogar, ellas también son afectadas por los mismos factores que experimentan dentro del hogar y mucho más cuando la mujer trabaja en casa y fuera de ella.

Cualquier persona responsable se inclina a dedicar más tiempo de lo usual y se cansará más dentro o fuera del hogar. El hecho de que una esposa no trabaje fuera de casa, no la excluye de tener un mundo de presiones y responsabilidades que producen estrés. A fin de poder ayudar a nuestra esposa para que nos revele la presión que le produce la fatiga y la vida apresurada del hogar, necesitamos compartir con ella el trabajo casero. La madre con niños menores necesita en forma especial un gran apoyo de su marido.

Es ella quien tiene que lidiar con la disciplina de los hijos y su cuidado mientras está sola en casa, pero cuando regresamos a nuestro hogar, somos nosotros, los líderes de la familia los que debemos tomar nuestra posición de autoridad y ayudarle, porque los hijos escuchan con mayor facilidad y obedecen con más presteza a los padres que a las madres. Los padres juegan un papel importante cuando los hijos deben cumplir con sus tareas, colaborando en los quehaceres domésticos en el tiempo de la comida y también cuando tienen que irse a la cama.

Creo que todos los seres humanos, especialmente las mujeres, soportan con mayor facilidad el cansancio y la tensión cuando saben que la persona que les ama conoce lo que están enfrentando, y mucho más si esa persona lo demuestra, hay esposos que no apoyan a sus esposas ni asumen su responsabilidad en el hogar. Algunos incluso se dan el lujo de criticar cuando regresan de sus trabajos y encuentran que la casa no está ordenada, a pesar de que tienen niños pequeños que demandan gran parte del tiempo de una madre. Algunos, en vez de ayudar prefieren criticar.

Las frustraciones que se producen en la crianza de los hijos y el cansancio de las tareas domésticas serían mucho más llevaderas para las mujeres, si sus esposos comprendieran y ayudaran. Muchas mujeres dicen que las tareas diarias de cuidado, limpieza de la casa y atención de los niños son duras pero pueden cumplirlas sin mayor tensión. Ellas sienten que la acumulación de trabajos extras es lo que les quita más el tiempo y ritmo a sus actividades diarias colocando presión. La limpieza del refrigerador, lavar el horno, limpiar las cortinas

El apoyo práctico y consistente de un marido ordenado y diligente alivia la dura tarea de la esposa que ama. El participar juntos de tiempos de descanso y diversión les ayuda a relajarse y evitar parte de la dura presión.

y otras muchas responsabilidades no tan usuales les causan mayor tensión, sobre todo cuando estas actividades se acumulan debido a que ella está involucrada en las ocupaciones del diario vivir.

Dependiendo de la situación económica, valdría la pena que los hombres que pueden hacerlo, consideraran la posibilidad de buscar la ayuda de una empleada doméstica o asesora del hogar, sobre todo cuando los niños están pequeños o que ellos se pusieran de acuerdo con sus esposas para cumplir actividades bien programadas, especificas y con regularidad. A la vez, tanto el hombre como la mujer, deben evitar adquirir compromisos excesivos y aprender a decir "no" a algunas actividades sin descuidar la necesidad de relajarse y divertirse como pareja. Los cónyuges deben separar algunas horas en algún día de la semana para descansar, salir, hacer deportes, caminar o pasear.

Si a la fatiga y el cansancio le agregamos la soledad que experimenta la mujer que trabaja sólo en la casa, la incomunicación a la que está sometida diariamente y el aburrimiento que significa el permanecer en una labor rutinaria, podemos entender por qué algunas de ellas se convierten en una bomba de tiempo.

La sexualidad de la mujer

Una diferencia fundamental entre el hombre y la mujer se encuentra en la manifestación de la sexualidad de cada uno. La expresión de la sexualidad femenina y masculina no es idéntica. Tristemente debido a que muchos desconocen el tema, generan en su relación matrimonial frustración o complejo de culpa. Los problemas sexuales en el matrimonio, las molestias menstruales, psicológicas y la menopausia, entre otros, tienen gran importancia en la vida conyugal. Además son causa muy común de problemas que llevan al divorcio. Es importante que los hombres comprendamos las grandes diferencias que existen en el mundo de la sexualidad femenina y masculina, por lo que analizaremos rápidamente las más notables, por ejemplo, en cuanto al apetito sexual.

Ver y sentir

Los hombres nos excitamos principalmente por medio del estímulo visual. Podemos fácilmente ser excitados al ver a una mujer atractiva, pero una gran cantidad de mujeres, a diferencia de los hombres, no reciben mayor estímulo por lo que ven, sino por lo que sienten. A nosotros nos estimula la desnudez o semidesnudez femenina. A las mujeres les puede llamar la atención un cuerpo masculino, pero su mecanismo psicológico sexual no necesariamente se activa por lo que ven.

Esta realidad es clave y debe ser comprendida pues si no entendemos que nuestra esposa necesita ser estimulada a través del tacto, esperaremos que ella se excite como nosotros lo hacemos y nos decepcionaremos pues ella necesita caricias bien realizadas y de acuerdo a su elección. Un esposo que quiere respetar a su pareja y seguir el consejo bíblico de preocuparse por la satisfacción de ella, debe tomar en cuenta esta verdad; debe aprender a preparar a su esposa para que se vaya excitando paulatinamente hasta que esté en condiciones de iniciar el acto sexual propiamente dicho.

Debido a que nosotros somos excitados inicialmente por lo que vemos, podemos preferir tener relaciones sexuales con la luz prendida o mirando el cuerpo de nuestra amada y algunas mujeres tienen problemas con esto. Algunas experimentan vergüenza especialmente si han aumentado unos pocos kilos, tienen celulitis o cualquier otro problema que nos les permite sentirse cómodas y bellas ante su marido. Nosotros debemos ser sensibles a lo que ellas sienten y desean. Debido a que la mujer requiere de este tiempo de preparación, es necesario que el hombre hable con ella con sinceridad y apertura para conocer cuáles son las cosas que le molestan y las que le agradan en sus relaciones sexuales.

Es importante también que el hombre aprenda a conocer cuáles son las partes más sensibles de su esposa. Juntos deben llegar a un acuerdo sobre lo que permitirán o no en sus relaciones íntimas. Los hombres generalmente no discriminamos al considerar qué tipo de mujer nos excita. A un hombre no le interesan los valores o la capacidad mental de una mujer para sentirse estimulado. Un cuerpo atractivo y

Para los hombres, la relación sexual es más una experiencia física, con algo de énfasis emocional; mientras que para las mujeres es una profunda experiencia emocional con involucramiento físico.

una mujer semidesnuda es todo lo que el hombre necesita para sentirse atraído. Un hombre puede excitarse al contemplar una fotografía o un video de alguna mujer atractiva, por eso es tan peligroso y adictivo para los hombres el mundo de la pornografía.

Las mujeres en cambio son diferentes y selectivas. Ellas dirigen su deseo mas bien a un hombre en particular y deben admirarlo y respetarlo. Se sienten más estimuladas por el ambiente romántico que rodea al hombre, así como por el carácter y la personalidad de éste, antes que por la vista. Obviamente existen excepciones, pero lo expuesto es lo más frecuente.

Lo físico y lo emocional

Es obvio que tanto para el hombre como para la mujer es importante la relación física y emocional, pero para los hombres el sexo es más una experiencia física, con algo de énfasis emocional; mientras que para las mujeres es una profunda experiencia emocional con involucramiento físico. Esta diferencia no es destructiva, al contrario, el gran secreto es que ambos aprendan a disfrutar de las dos áreas: la parte física y la emocional.

Por eso los esposos debemos tener un gran involucramiento emocional y conocer bien como acariciar físicamente de acuerdo a lo revelado por la esposa, y las mujeres deben enfatizar en el incentivo físico que les producirá un estimulo emocional. Por otro lado, el hecho de que ellas no están tan interesadas como los hombres en la apariencia física, no debe motivarnos a descuidarnos físicamente pues para una mujer es decepcionante tener relaciones íntimas con un hombre descuidado. Los hombres que no se afeitan, no se bañan y tienen otras costumbres inapropiadas, están poniendo un obstáculo innecesario para la conexión integral que debe existir.

Sin embargo, aunque todo lo relacionado con lo físico es importante, también lo es que el hombre aprenda que un ambiente romántico, además de un carácter apropiado, son importantes para la mujer. Una personalidad atractiva, el respeto y la dignidad con que el hombre trata a la mujer, son factores fundamentales para preparar una buena relación íntima. A menos que una mujer sienta deseos de estar con su esposo, de acercarse a él, sabiendo que esa unión será una experiencia placentera, será incapaz de disfrutar de una relación sexual saludable.

Visión panorámica y parcial

Otra diferencia entre el mundo femenino y el masculino se encuentra en la forma como ven la vida, y perciben las experiencias. El hombre es propenso a ver la vida en secciones. Es decir, no observa generalmente "todo" el panorama sino que va viviendo una experiencia tras otra. Mientras van pasando los acontecimientos diarios preferimos vivir cada una y luego olvidarla. Los hombres tenemos nuestro archivo mental organizado como una serie de carpetas y tenemos la capacidad de ir abriéndolas y cerrándolas a medida que las necesitamos durante el día.

Cuando estamos en el trabajo, abrimos la carpeta correspondiente; cuando nos vamos, aunque nos cuesta desconectarnos, guardamos todo en nuestro archivo mental. Para abrir otro, tiene que existir una experiencia o acontecimiento que nos vuelva a llamar la atención. Generalmente, salimos de la oficina y seguimos unidos a ella hasta que llegamos a casa y habitualmente nos conectamos a ese aparato inerte llamado televisor. Cuando llega el momento de ver un partido de fútbol o nuestro programa de televisión favorito, cerramos los anteriores. Si existe un conflicto en la relación conyugal, abrimos el de las peleas y luego al terminar lo cerramos, especialmente si el archivo que tenemos en espera se llama "sexo". Cuando nos vamos a la cama, lo abrimos y es todo lo que viene a nuestra mente.

Nosotros, generalmente no somos absorbidos por los acontecimientos del día, ni siquiera el problema en el trabajo nos impide concentrarnos en nuestro deseo sexual. Más bien pensamos que es una buena forma de olvidar conflictos, aunque hayan sido con nuestra esposa, la persona con quien precisamente queremos hacer el amor.
Debido a que la mujer tiene una visión más integral, ella no puede ir cerrando archivos y desconectarse como el hombre. Está pensando en todas aquellas cosas que han ocurrido durante el día y en los días anteriores. Por eso algunas mujeres, al rememorar todo lo que les han hecho, no sólo se vuelven "históricas" - porque recuerdan todo - sino también "histéricas" porque le molestan muchas cosas.

A ellas les es fácil evocar las experiencias placenteras y las discusiones que tuvieron con su esposo. Recuerdan la falta de apoyo, la rudeza con que fueron tratadas y por ello son propensas a sentirse bloqueadas. Nosotros podemos cerrar nuestro archivo de peleas a las 8:00 de la noche, después de haber terminado la batalla campal con nuestra esposa, pero a las 10:00 de la noche, estamos listos para abrir el archivo de sexo, sobretodo si ella ha pasado desnuda frente a nosotros. Esto generalmente no ocurre con la mujer.
Debido a que ella tiene una visión panorámica de las cosas que ocurren, estará acordándose de muchas cosas a la vez; por eso aunque nosotros podríamos terminar nuestra rela-

ción sexual en minutos y la mujer quedar insatisfecha pues en esos minutos ella recién está poniendo en orden sus pensamientos y lidiando con los momentos de presión que le impiden su concentración.

La visión de la mujer tiende a ser más panorámica. Normalmente están observando todo lo que ocurre a su alrededor. Se fijan en los detalles, los piensan y los archivan, pero no pueden sacarlos rápidamente de su mente.
La mujer sigue recordando cada incidente o situación que le ha acontecido durante el día, y en la noche y cuando va a intentar tener intimidad con su esposo, no sólo está pensando en lo que ha ocurrido, sino además, estará preocupada de todos los detalles de los eventos que están ocurriendo en ese preciso momento.

Así como a muchas mujeres les gusta seguir conversando mientras ven una película y una gran cantidad de hombres nos encanta estar enfocados sólo en lo que estamos viendo y queremos evitar cualquier distracción; así sucede durante el desarrollo del acto sexual a muchas mujeres les cuesta enfocarse por todo lo que le produce distracción. Por ello es imprescindible que el esposo evite todo lo que le cause distracción y sepa cómo y dónde acariciar para que ella comience su proceso de concentración.

El esposo amoroso comprenderá que la mujer no planifica sus distracciones, aunque ella también debe aprender a manejarlas y tomar las medidas del caso para evitarlas. Debido a que ella estará preocupada del ruido que puede hacer la cama, de la luz que está prendida o de los niños que pueden entrar al cuarto, debemos tomar todas las precauciones necesarias para que no haya excusa.
Debido a que el hombre con facilidad se enfoca y puede salir decidido a una rápida conquista debe ser prudente y planificar tomar todo el tiempo necesario para estimular lenta-

mente. Es indispensable aprender a ser sensibles y a equilibrar las cosas. La relación íntima no es, de ninguna manera, la búsqueda de la autosatisfacción.

Cada uno debe buscar el bienestar del otro, por lo tanto, en las relaciones íntimas debe existir un alto porcentaje de preocupación por la otra persona. Si vamos a buscar no sólo nuestra satisfacción, sino también la de nuestro cónyuge, tenemos que aprender todas las técnicas que nos ayuden a satisfacer sus necesidades.

Debemos aceptar sus deseos y necesidades; ser en extremo amables y respetuosos con ellas. Usted debe saber cuando su esposa necesita estar en silencio; conocer si a ella le estimula el contacto delicado en sus zonas de mayor sensibilidad, si le estimulan sus palabras, o los besos ubicados en lugares deseados. Ella necesita sentirse honrada y respetada, sentirse protegida y bien estimulada. Es un gran aliciente para ella saber que su esposo la necesita y trata de suplir sus necesidades.

Si nuestras relaciones sexuales no son planificadas y tendemos simplemente a tener acciones sexuales rápidas, y sin pensar en la satisfacción de la otra persona, estamos impidiendo que ocurra verdadera intimidad. La frialdad del hombre, la falta de preocupación por sí mismo, y por ella, el intento de tener relaciones íntimas sin haber sanado primeramente los conflictos y las heridas que se han causado, hace que la mujer sienta rechazo hacia su marido. La reiteración frecuente de esta situación producirá una gran frustración en ambos y un gran rechazo en la mujer.

Muchas mujeres aceptan tener relaciones íntimas con su marido, a pesar de que son ignoradas o maltratadas, pero el resultado siempre es que ellas se sienten utilizadas y lentamente van perdiendo interés en las relaciones sexuales volviéndose frígidas e impotentes. Cuando una mujer hace el amor sin ternura ni romanticismo, se siente usada, experimenta que sólo se busca su cuerpo pero no sus emociones; y el encuentro sexual pasa de ser una unión emocionante entre dos seres que se aman, para transformarse en un momento frustrante y decepcionante.

Diferentes respuestas

La respuesta sexual del hombre no es cíclica. La respuesta de la mujer es periódica. Ciclo es un tiempo durante el cual se repiten los mismos fenómenos en el mismo orden. La respuesta sexual de la mujer está relacionada con su período menstrual, por lo que la curva de respuesta va disminuyendo paulatinamente y luego empieza a crecer hasta que llega a su mayor intensidad. En el caso del hombre, la respuesta es constante, no tiene ciclo; casi siempre está listo para tener relaciones sexuales o, por lo menos permanentemente estimulado. Aunque los estudios indican que el placer y la excitación durante el momento del orgasmo en la mujer y durante la eyaculación en el hombre, es igual para ambos sexos; ambos siguen un camino diferente para llegar a lo mismo.

Tal como estudiamos, el hombre se estimula más por lo que ve y en forma más rápida, en cambio la mujer, por las caricias, el trato respetuoso y romántico de su marido y responde en forma más lenta. Por lo general, los hombres buscamos satisfacción con mayor frecuencia pues el deseo sexual del hombre se va acumulando y siente cada vez mayor presión.

Cuando no existe una satisfacción sexual continua, el hombre va experimentando una acumulación de presión psicológica que va exigiendo cada vez más su liberación. Nuestras vesículas seminales gradualmente van completando su capacidad y cuando alcanzan el nivel máximo, entonces las influencias hormonales hacen que nos encontremos muy sensibles aún al más mínimo estímulo sexual. Esto no necesariamente ocurre con la mujer. En la mayoría de ellas, mientras más frecuencia tienen en sus relaciones sexuales, más se va apagando el deseo sexual cíclicamente y sólo en ciertos momentos siente deseos de satisfacerlo.

A nuestras esposas les cuesta comprender esta acumulación del apetito sexual y a nosotros nos cuesta comprender que ellas no lo acumulen. Muchas veces piensan que sus maridos son exagerados y muy inclinados a las relaciones sexuales al punto que creen que exageran y por ello se sienten molestas. Nosotros creemos que ellas no nos quieren o por lo menos que nos les producimos atracción y creemos que exageran en su descuido y nos sentimos molestos. Indudablemente mientras pasan por el período de ayuno sexual, las mujeres igual sienten necesidad, pero no tan grande como la de sus esposos. La abstinencia sexual es mucho menos tolerable para la mayoría de los hombres.

Una vez más aclaro que estoy generalizando; esto es verdad en un alto porcentaje de los varones y las mujeres, aunque existen excepciones. Por supuesto que también hay diferencias femeninas. La naturaleza humana es muy compleja y esa situación se expresa en una amplia variedad de la libido. Debemos entender que dentro de esa variedad de mujeres con distintos deseos sexuales, se encuentra nuestra esposa que tiene su mundo propio. Los hombres que anhelamos vivir sabiamente, debemos investigar ese mundo privado de quien amamos y hacer todo esfuerzo por practicar lo que ella anhela y necesita y no lo que nosotros creemos que le satisfará.

Los estudios realizados con respecto al deseo sexual de las mujeres revelan cosas interesantes. Imagínese que existe una línea y sobre ella vamos a anotar porcentajes. Vamos a ir de un extremo a otro de esta recta imaginaria.

En el primer extremo, se encuentra la población femenina menos activa. Aproximadamente un 2,5% del total que siente deseos sexuales mínimos. A ellas se les ha llamado frías, frígidas o incapaces de responder. Al otro extremo de esta línea se encuentra un 2,5% compuesto por mujeres extremadamente sensuales. Mientras tanto, entre estos dos extremos, se encuentra un 95%, es decir, la gran mayoría que no responden en forma tan extrema a los impulsos eróticos. Estas mujeres no son ni muy sensuales, ni tampoco desinteresadas de la actividad sexual.

Ahora, dentro de ese 95%, se considera que tal vez un 20 ó un 25% de las mujeres adultas de nuestra sociedad reflejan indiferencia y actitudes negativas hacia el sexo opuesto. Ellas raramente alcanzan el orgasmo; más bien tienen relaciones sexuales como un deber o como una actividad necesaria en el matrimonio.[1] Los estudios indican que para estas mujeres, la relación íntima no es nada emocionante. Ellas no disfrutan de las relaciones sexuales y se constituyen más en una carga. Lógico que este grupo de mujeres a menudo sufre de angustia mental y ansiedad y provocan serios conflictos en su relación conyugal. Nuestras actitudes hacia las relaciones sexuales no han sido creadas en el vacío.

No formamos nuestras actitudes solo cuando ya somos adultos, más bien ellas se han ido moldeando con el paso del tiempo y las experiencias que hemos vivido. Esas actitudes han sido condicionadas, en gran medida, durante la infancia y la adolescencia. Es sorprendente saber que algunas personas estables y equilibradas, a veces consideran el sexo como algo sucio, salvaje o malo, simplemente porque fueron educadas con una perspectiva negativa hacia la sexualidad en sus años de formación.

---

[1] Dobson James, *Lo que las Esposas Desean que los Maridos Sepan sobre las Mujeres*, Barcelona, Editorial CLIE, página 138

Obviamente no todas las diferencias en cuanto a la intensidad del deseo sexual tienen que atribuirse a errores de crianza o conceptos erróneos, es verdad también que los seres humanos somos diferentes. No fuimos todos hechos en un molde y existe una gran variedad de gustos. Somos criaturas singulares y de la misma forma que diferimos en otras áreas, también lo hacemos en nuestro apetito sexual. Nuestra computadora mental ha sido programada de manera distinta.

Sin embargo, toda persona puede disfrutar una vida sexual normal al adquirir el conocimiento necesario y tener una actitud adecuada. Cuando existe comprensión en la pareja, y ambos se preparan apropiadamente, luchan contra los mitos que han aprendido y logran a acuerdos sabios, pueden tener una vida sexual saludable. Por ello es muy importante que el varón como cabeza de su relación conyugal haga una seria y honesta evaluación de la forma como está tomando el liderazgo en la vida íntima de su pareja.

El hombre que ama a su esposa debe conversar con ella y juntos encontrar respuestas a algunas preguntas importantes como las siguientes: ¿Tiene mi esposa interés en las relaciones sexuales? ¿Estoy preocupándome de satisfacer sus necesidades integrales? ¿Se siente ella realizada en su vida íntima? ¿Podemos hablar con libertad del tema? ¿Estoy seguro que tenemos intimidad y no sólo sexo? ¿Hemos llegado a un acuerdo sabio y bíblico en nuestra práctica sexual?

Creo que una de las determinaciones más negativas que un hombre puede hacer a la vida sexual del matrimonio es dejar sin resolver los conflictos y creer que el callar o el tiempo arreglarán los problemas.
El silencio y la indiferencia nunca resuelven, siempre agravan los problemas. Al escuchar los testimonios de muchas parejas que he tratado, descubro que generalmente prefieren fingir satisfacción, para evitar una conversación más pro-

funda, por miedo a crear más problemas o por temor a descubrir su realidad. Fingir satisfacción es la peor forma de tratar un problema pues la persona engaña a su cónyuge y se auto destruye. Generalmente la mujer que por los problemas matrimoniales va perdiendo interés en las relaciones sexuales, comienza a fingir y mientras lo hace, poco a poco va creando su propia frigidez.

Así que, aunque ese rechazo y ausencia de deseo o falta de respuesta en las relaciones íntimas se inició por la actuación errónea del cónyuge, en realidad fue producida por la irresponsabilidad personal al no confrontar con sabiduría su realidad.

Los hombres que desean conocer a sus esposas deben entender las diferencias, comprender que el hombre y la mujer fueron creados por Dios distintos y actuarán y responderán en forma diferente a un mismo acto, estímulo o necesidad. Existen muchas mujeres que están esperando que sus maridos líderes comprendan su universo y piensan en forma ingenua que de manera natural comprenderemos su inventario de necesidades tan diferentes, pero eso no es posible. Los hombres debemos entender que la mujer es afectada por cosas que a nosotros ni cosquillas nos hacen. La persona se siente frustrada por no sentir la libertad de expresar sus ideas al cónyuge que ama.

Recordemos que el silencio frente a los problemas crea insatisfacción. Es necesario insistir en que la ansiedad y el pensamiento que no se pueden expresar, generalmente constituyen una fuente de tensión interior y de agotamiento que afecta la vida conyugal. Debemos entender que la presión psicológica que experimentan los cónyuges en su práctica sexual es una de las causas más frecuentes de impotencia. Si el sexo se torna algo prohibido en nuestra conversación, si no tenemos la habilidad de discutir el tema con sabiduría, la intimidad en sí se convierte prácticamente en un examen donde los participantes se están evaluando el uno al otro sin decirlo, y ésta prueba no se realiza conforme a los principios divinos, sino a las ideas humanas falibles del evaluador.

Para poder sanar la relación, tenemos la necesidad de derribar las barreras y empezar a expresar los sentimientos, miedos, anhelos, creencias y valores que cada uno tiene. Deben comenzar a comunicarse hablando de las formas y técnicas que sirven para estimularse mutuamente y el liderazgo en esta extraordinaria tarea de aprender a tener una relación saludable, corresponde al hombre, al líder del hogar.

Debemos recordar que el cansancio y la fatiga generalmente no afectan o inciden muy poco en el deseo sexual de los hombres, en cambio, la fatiga física desempeña un papel muy importante en la actitud o incapacidad de la mujer para responder al sexo. Una esposa que ha estado batallando todo el día con los hijos y trabajando hasta tarde en la noche, se derrumba en la cama y el sexo simplemente se convierte en una obligación más en lugar de un deseo de pasión, placer y satisfacción. El hombre, en cambio, después de una dura jornada, no encontrará nada más placentero que entregarse en los brazos de su cónyuge y disfrutar apasionadamente de una relación íntima que le permitirá relajarse inmediatamente.

Debo decirle que el sexo es muy importante en el matrimonio, por lo que hay que actuar con sabiduría. Aprender las técnicas y las formas; prepararnos física, emocional y espiritualmente. Pero la organización que tengamos no debe llegar al punto de la pérdida de la espontaneidad. Tampoco puede ser un acto al cual llegamos sólo porque tenemos que arribar en algún momento. Hay que recordar que el sexo se halla unido a nuestra naturaleza psicológica, así que cuando nuestra esposa se siente tímida, avergonzada o inferior, expresará su sexualidad en términos similares a la forma como se siente. Por el contrario, cuando se encuentra segura de sí misma, sana emocionalmente, aceptada tal como es y apoyada por su marido, su autoestima estará en el lugar apropiado.

Los hombres que se burlan de su esposa, que la ridiculizan por tener senos pequeños, por tener várices o por cualquier otro motivo, aunque lo hagan como chiste ya sea en privado o en público, provocará en ella una incomodidad que afectará las futuras relaciones sexuales. Cualquier menosprecio que el hombre muestre hacia su mujer le afectará psicológicamente.

Si el tema del sexo se torna algo prohibido en nuestra conversación, si no tenemos la habilidad de discutir el tema con sabiduría, el acto sexual en sí se convierte prácticamente en un examen donde los participantes se están evaluando el uno al otro sin decirlo y la prueba no se realiza conforme a los principios divinos, sino conforme a las ideas humanas falibles del evaluador.

CAPÍTULO CUARTO

. . . .

"Dios determinó que la mujer viva experiencias exclusivas, grandiosas y difíciles, y para pasar por ellas necesita sabiduría, determinación y un hombre que la ame y le brinde apoyo y protección. Dios creó al hombre para que tenga la habilidad de convertirse en el apoyo ideal, para que ella viva una vida realizada y normal".

4

Experiencias exclusívas de la mujer que necesitan la comprensión del hombre

No es fácil vivir y enfrentar nuestros problemas. Ni es sencillo ser padre, esposo, jefe o empleado, líder de una familia y responsable de la seguridad y estabilidad económica del hogar. Tampoco es sencillo lidiar con nuestras frustraciones y decepciones.

Es complicado batallar con nuestras tensiones y depresiones y encima, tener que luchar con las consecuencias y cambios que vive nuestra esposa debido a experiencias que son propias de su sexo. Yo lo comprendo y sé que es difícil, pero si existiera una forma más saludable para usted, su esposa y familia, se la recomendaría.

Si gritar, molestarse, maltratar, discutir, pelear, ignorar a su mujer, separarse o divorciarse fueran la solución, se lo recomendaría, pero nada de eso produce paz en su corazón y brinda la posibilidad de ayudar a una mujer que necesita el apoyo de un esposo sabio y amoroso.

Experiencias exclusivamente femeninas

Algunas de las realidades que la mujer experimenta son situaciones que el hombre nunca vive. Por ejemplo, los conflictos que siente la mujer como producto de la tensión premenstrual y de la menopausia. Debido a que muchas mujeres no han estudiado sobre el tema, creen que ellas son las únicas que sufren depresión y falta de energía en ciertos períodos de su vida.

Ellas no siempre entienden que toda mujer experimentará problemas que son típicos de su sexo. Con el fin de ayudar a miles de mujeres que escuchan mis programas de radio, he leído mucho sobre esta temática e investigado recopilando información de cientos de ellas.

Uno de los elogios más grandes que recibí después de una conferencia para varones, fue cuando uno de los participantes me dijo que después de decenas de años de casado, recién estaba conociendo a su esposa, mientras se encontraba en una conferencia a cientos de kilómetros de distancia de ella y a través de los labios de otro hombre. Esa era la realidad que vivieron miles de varones que asistieron a este evento. Les enseñé a conocer a sus esposas. La gran mayoría de los asistentes no entendían aspectos importantes del mundo de la mujer. Esa es la situación en cualquier país que visito.

Para muchos hombres, el mundo femenino es totalmente desconocido. Algunos se pasan la vida sin entenderlo y aun criticándolo. Una mujer de las miles que asistieron a otra de mis conferencias, me dijo: "lo más extraño del mundo me ha ocurrido, encontré a un hombre que conoce más de mi ambiente de mujer que lo que yo conozco de mi rol femenino".

La verdad es que he dedicado tiempo suficiente a investigar como para llegar a conocer un círculo al que ningún hombre puede acceder en forma natural, y debido a mi compresión, profundo amor por la mujer y pasión por enseñar, puedo hablar con libertad de estas cosas que son tan importantes para una sana convivencia y una buena relación de pareja.

La influyente menstruación

Estoy convencido que todos los hombres deberían estudiar y comprender lo que realmente ocurre con esta influyente y dominante señora que visita mensualmente a nuestras esposas. Antes que se enoje conmigo mientras lee, y esté pensando que sólo estoy tratando de defenderlas, recuerde que este libro trata sobre conocer a la esposa. Mi otro libro será dirigido a las mujeres para que conozcan a sus maridos, así, sin molestarse, siga leyendo y tenga la mejor actitud para tratar de comprender este mundo extraordinariamente diferente.

Creo que es sabio que todo hombre haga una lista de los síntomas relacionados con la menstruación de su esposa, y sería aconsejable que toda mujer comience a evaluarse a sí misma y determine cuáles son los síntomas más comunes que acompañan su período menstrual. Poco a poco irán descubriendo que hay experiencias que se repiten y acompañarán a la mujer toda la vida y que ella es responsable de saber manejarlas, así como un esposo comprensivo es llamado a responder sabiamente con amor tierno y firme.

Lamentablemente, muchos hombres han pensado que la menstruación no es más que un cambio físico que ocurre en su esposa. Algunos solo creen que es un tiempo despreciable en que no puede tener relaciones sexuales y que la mujer solo siente la incomodidad de estar perdiendo sangre. Ellos no tienen idea de los cambios que experimentan y mucho menos lo que ocurre en el periodo premenstrual.

Ciertos trastornos físicos y emocionales también pueden producir casi las mismas dificultades que produce la menstruación, pero los estudios señalan que existen por lo menos 32 dolencias específicas que pueden ser causadas por la falta de estrógeno, la hormona femenina responsable de la modificación de la mucosa del útero que permite que se anide el huevo fecundado. Algunos han comparado las cuatro semanas del ciclo menstrual de la mujer con las cuatro estaciones del año y aunque no existe ilustración perfecta, estas sí nos dan ciertos elementos que nos permiten comprender mejor la enseñanza.

La primera semana después del período, es la primavera del calendario psicológico. Los que estudian la materia dicen que allí existe abundancia de esta hormona femenina; entonces el cuerpo se siente más fuerte y rejuvenecido.
La segunda semana, la podemos comparar con la estación de verano. En esta semana la persona tiene aún más energía; la mujer se siente más llena de optimismo y su autoestima está en un muy buen nivel.

Debido a ello, la relación entre marido y mujer es excelente y el impulso sexual está en su punto culminante. Luego los estrógenos comienzan a descender para prepararse para el nuevo ciclo de menstruación. Entonces aparece una segunda hormona llamada progesterona, la cual reduce el efecto del estrógeno e inicia los síntomas del síndrome premenstrual. A esta etapa la llaman el invierno, la fase triste y fría del mes. En ella aparecen síntomas de depresión, de pesimismo y de baja autoestima.

Queridos varones, esto no lo está planificando la mujer, porque ella no programa ni determina los síntomas que experimentará como producto de los cambios de su periodo menstrual, éstos le llegarán en contra de su voluntad y en forma normal. Ella no es responsable de su llegada, pero si de su manejo. El cónyuge amoroso no es responsable de las acciones buenas o malas de su esposa como producto de los efectos de la menstruación, pero si es responsable de reaccionar con sabiduría, amor y comprensión cuando su querida esposa pasa por su menstruación.

Hay una cierta indolencia; la mujer sufre un embotamiento y experimenta malestares de todo tipo, desde la irritabilidad y agresividad, hasta el cansancio y la falta de ánimo. Indudablemente existen diferencias en la intensidad con que estos síntomas se presentan en cada una de ellas, pero todas experimentan algún tipo de malestar. Las personas más vulnerables pueden llegar a estar un día o dos en cama durante el "invierno menstrual". Algunas sufren calambres, contracciones o fuertes dolores, por lo que se encuentran en pésimo estado de ánimo. Luego, gradualmente desciende la tensión y reaparece una vez más la primavera.

Estos cambios psicológicos se producen en mujeres de cualquier clase social o cultural. Las estadísticas indican que los suicidios, homicidios e infanticidios cometidos por mujeres, son mucho más frecuentes durante el período menstrual que durante el resto del mes. Fueron precisamente estos estudios los que me hicieron comprender porqué una vez al mes teníamos serios conflictos con mi esposa. Ni ella misma lo comprendía. Debido a que los hombres nunca hemos tenido esta experiencia, nos cuesta comprender lo que les pasa a las mujeres. El mal humor y esa actitud irritable, generalmente nos molesta mucho. En mi caso, hacía que me alejara de mi esposa justo en ese instante cuando más me necesitaba.

El cónyuge amoroso no es responsable de las acciones buenas o malas de su esposa como producto de los efectos de la menstruación, pero si es responsable de reaccionar con sabiduría, amor y comprensión cuando su querida esposa pasa por esta etapa mensual que produce sensibilidad, irritabilidad, y mucha tensión.

Ellas requieren que les ayudemos en sus tareas físicas, especialmente durante su período menstrual o un poco antes, pues físicamente se sienten más cansadas que nunca. Es cuando necesitan más comprensión, cariño y aprecio, a pesar de que es el momento más difícil para dárselo porque están irritables. Sin embargo, es el espacio en que nosotros debemos aprender a amar verdaderamente.

Recuerde que el amor no es sólo pasión, ni una respuesta al bien que nos hacen o a la forma apropiada en que nos tratan; el amor sobrepasa los límites y por nuestro cariño y profundo sentimiento de aprecio hacia la persona amada, tenemos la capacidad de ayudarle aún en las situaciones más difíciles. Allí es precisamente cuando más necesita nuestra apoyo. Algo que también me costó entender, es que durante ese período mi esposa necesitaba estar a solas en algunos momentos. Cuando me daba a entender que prefería estar sola, generalmente me dolía y lo tomaba como un rechazo, pero poco a poco fui comprendiendo que no existe una actitud de rechazo cuando la persona necesita tomar tiempo para ella misma.

Durante su período menstrual, ellas se cansan más fácilmente y son más sensibles. Los gritos y las peleas de los niños que en otro momento soportaron y monitorearon, entonces, les afectan mucho más. Por eso es importante que el hombre busque la forma de ayudarle para que éste tiempo difícil sea más fácil de llevar y exista un mejor ambiente para todos.

Antes, durante, y en algunos casos, después de la menstruación, la mujer puede estar experimentando una depresión extrema que cambia totalmente su forma de ver la vida. Ella puede alcanzar un estado de subestimación, acompañado de sentimientos de indignidad que le mueven a sentirse mal y muchas veces a actuar erróneamente. Durante este período tiene muy baja tolerancia y por ello aumentan las discrepancias. No soporta los ruidos fuertes ni los sonidos irritantes; incluso puede tener una respuesta distinta de la que suele usar cuando está con toda su energía y tiene que manejar las travesuras o los ruidosos juegos de los niños. En ellas existe una gran necesidad de que se les pruebe con hechos el amor que se le expresa con palabras.

Muchas mujeres tienen interrupciones del sueño, lo cual trae consigo una incapacidad para concentrarse y se levantan más cansadas que de costumbre. Pero, además de los síntomas emocionales, existen problemas físicos: dolores de cuerpo, desórdenes gastrointestinales, golpes de calor, vértigos o mareos, que suelen presentarse durante este tiempo, y algunas mujeres experimentan además otros cambios, antes de su periodo menstrual.
Muchas experimentan una gran reducción del deseo sexual, aunque unas pocas sienten más necesidad de actividad sexual durante la menstruación. Otras sufren molestias en distintas partes del cuerpo, a veces, dolores de cabeza, de cintura; algunas aumentan de peso y otras no.

Durante la época de menopausia generalmente se acentúan ciertos síntomas. Los períodos menstruales son iguales a la menopausia en el sentido que el nivel de estrógeno se ve bastante reducido. Dado que la autoestima tiene relación con el estrógeno, una mujer que experimenta sentimientos de inferioridad, lo sufrirá durante la menstruación y durante la menopausia.

Entiendo que muchas mujeres no saben como manejar sabiamente su periodo menstrual a pesar de que lo experimentan inevitablemente mes a mes. Debido a que ellas no saben hacerlo, nos complican mucho más la vida a nosotros. Pero un esposo que conoce a su esposa y la ama sabe que su mala reacción no ayudará y mas bien creará un ciclo mensual repetitivo que producirá mayor tensión.

Los esposos sabios saben que dos males no hacen un bien, por lo tanto, por su propio bien y el de la esposa que aman, determinan responder bien, aun cuando ella está actuando mal. Quisiera compartir con usted lo que aprendí en mi investigación. Encontré que durante esos días, las mujeres no buscan respuestas, necesitan alguien que les comprenda, y entienda lo que están enfrentando y les ayude a minimizar los efectos del período.

Un esposo que conoce a su esposa y la ama, sabe que las malas reacciones que él tenga a las acciones no sabias de ella en el periodo menstrual, no ayudan, y mas bien crearán más conflictos en este repetitivo ciclo mensual. Los esposos sabios saben que dos males no hacen un bien, por lo tanto, para su propio bien y el de la esposa que aman, determinan responder bien, cuando su esposa está actuando mal.

El doctor David Hernández, obstetra y ginecólogo, en una oportunidad contó que se había realizado un experimento farmacéutico en un pequeño pueblo de pescadores; una compañía estaba investigando la píldora anticonceptiva. Se suministraron píldoras a cada mujer del pueblo durante un período de tres semanas, después del cual se les suspendió la dosificación para que menstruaran. Como esta investigación se hizo con todas las mujeres al mismo tiempo, dice el doctor Hernández que durante ese periodo, los hombres tuvieron que meterse en sus embarcaciones y salir a alta mar para huir de la tormenta que se les presentó en tierra. Esto se repitió cada mes hasta que terminó el experimento.

Sin importar si los hombres lo crean o no, los cambios en el periodo menstrual de la mujer, no son creados por ella. Los estudios demuestran que son inevitables y solo son tratables. El hombre sabio y amoroso, aprende a anticipar el período, y con inteligencia reconoce los cambios emocionales. Cuando no entendía nada sobre este tema me preguntaba por qué una vez al mes mi esposa "quería matarme". Esto me llevó a temporadas de confusión y a otros momentos de enojo y mala reacción, pero poco a poco fui estudiando el tema y conociendo a mi esposa y aunque no siempre fui sabio en mi reacción, con el paso del tiempo aprendí la lección. Después de estudiar el tema con profundidad y al cambiar poco a poco mi actitud errónea, no sólo comencé a experimentar la paz y la tranquilidad sino a actuar de tal forma que ella tenga la menor cantidad de excusas para reaccionar inadecuadamente. Entendí que su menstruación y los efectos eran una experiencia mensual que debía ser confrontada sabiamente por ambos esposos para no afectar la relación conyugal.

Con el paso del tiempo y por el conocimiento adquirido, yo, un hombre, enseñé a mi esposa acerca de los efectos así como la responsabilidad que ella tenía en esta experiencia exclusiva de la mujer. El esposo que ama a su esposa y la conoce, comprenderá que durante ese periodo ella tiene una necesidad especial de afecto, ternura, apoyo y comprensión, aunque no esté respondiendo bien ante la presión. El hombre que conoce a su esposa y desea comportarse sabiamente, aprenderá que durante el periodo de mayor sensibilidad de su esposa y de más tendencia a la irritabilidad no es el tiempo para discusiones, ni para tomar grandes decisiones.

El hombre que desea amar a su esposa en ese momento de presión, diseñará una estrategia para aliviarle la carga y no complicarla. Antes de conocer sobre el tema y cuando mi esposa estaba más irritable, yo prefería largarme de casa y no ayudarle. Prefería dejarla con los niños mientras me alejaba para según yo salvar mi vida. Pero esa era una actitud egoísta que podía defenderme de un mal momento, pero que dejaba a mi esposa presionada y aumentando su resentimiento. Tuve que aprender que era mejor hacerme cargo de los niños y así facilitar su descanso.

La mujer no planifica ni determina los síntomas que experimentará como producto de los cambios de su periodo menstrual,estos le llegaran en contra de su voluntad y en forma normal.
Ella no es responsable de la llegada de su menstruación, pero si del manejo de esta temporada de cambio y presión.

Hoy en vez de huir de casa cuando ella pasa por un momento difícil, generalmente cumplo con alguna labor domestica y así facilito su tarea, sea que lo aprecie o no. Antes hacía cosas para que no se enojara, ahora, las hago porque es mi deber ayudar, porque me alegro en servir, sea que ella esté enojada o contenta. Durante este periodo los hombres tenemos que enfrentar serios desafíos. Algunos deseamos ser cariñosos, pero ellas no están listas para recibir cariño y mucho menos para otorgarlo. A veces prefieren la soledad y algunos hombres interpretan eso como un rechazo, pero es simplemente el deseo de estar solas y así debe ser visto, ni más ni menos.

Algunos hombres se alejan sin razón, únicamente porque su esposa no quiere tener relaciones sexuales, debido a esto prefieren no tocarlas. Algunas mujeres prefieren que su esposo se mantenga a la distancia y evitan ser acariciadas, pero otras están deseosas de recibir cariño sin interés de tener relaciones sexuales. Debido a la dificultad que existe para interpretar lo que cada uno siente, la única solución sabia es conversar abiertamente y ponerse de acuerdo.
Si usted cree que su esposa necesita ayuda, pues lo que ella experimenta en su periodo es más grave de lo que usted y ella pueden manejar, es importante que ambos visiten al ginecólogo y expliquen la situación.

En la actualidad existen tratamientos con hormonas naturales que no tienen efectos secundarios y pueden ayudar a aliviar los síntomas. Por supuesto el médico es quien determina si se necesita algún medicamento. En algunos casos, se necesita la ayuda de un psicólogo y en la mayoría de las situaciones la mujer que aprende a enfrentar su realidad y el hombre que sabe como responder sabiamente, logran pasar por estos periodos saludablemente.

El cónyuge amoroso no es responsable de las acciones buenas o malas de su esposa como producto de los efectos del periodo menstrual, pero si es responsable de reaccionar con sabiduría, amor y comprensión cuando su querida esposa pasa por su menstruación.

El embarazo

Es maravillosa la experiencia de la mujer que tiene el privilegio de llevar en su vientre a un niño. No es posible comprender lo extraordinario del privilegio de ser socia del creador de la vida para que ocurra el nacimiento de un hijo, pero esto no significa que la maravillosa experiencia no produzca grandes desafíos y demande mucha paciencia.

Los maridos que verdaderamente aman a sus esposas, leerán con gran interés esta sección pues anhelarán ser parte de este extraordinario proceso de cuidar una vida.

Cuando conocemos lo que nuestra esposa vive y determinamos amarla, tenemos toda la posibilidad de no abandonarla en su experiencia de embarazo. Lamentablemente muchos hombres desamparan a sus mujeres en esta etapa y no comparten con ella los inolvidables momentos de este extraordinario proceso.

Hermosa tarea compartida

El embarazo debe ser una tarea compartida que exige un alto nivel de interdependencia. Los maridos y esposas que actúan independientemente y con sus hechos demuestran que no les importa el complicado proceso que se vive, no sólo ponen en peligro su relación conyugal sino que afectarán las emociones de la esposa y por consiguiente la del niño en proceso de gestación. Los maridos y las esposas dependientes que no pueden funcionar eficientemente sin la presencia o ayuda del otro cónyuge, también afectan la relación en este proceso. Se necesita una sabia interdependencia pues la mujer no puede tener un embarazo saludable sin un marido comprensivo y amoroso.

Una de las determinaciones más importantes que puede tomar el esposo es amar y apoyar a su hijo cuando llega a este mundo, pero antes de que eso ocurra, es esencial que tome la determinación de amar y proteger a la madre y su hijo mientras esté en proceso de gestación. En el embarazo se está desarrollando una relación entre la madre y el hijo que demanda un periodo de adaptación. El embarazo produce algunas perturbaciones en la madre. Puede sentir con frecuencia ganas de dormir y me han dolido los testimonios de mujeres que han comentado que sus esposos las han criticado porque viven cansadas y no cumplen con todas las tareas en el hogar.

Ellas necesitan reposos más prolongados y comprensión pues viven cambios emocionales constantemente. Pueden sentirse nerviosas, agitadas, tristes, melancólicas, irritables y en ocasiones llorar sin motivo. El marido amoroso que ha determinado conocer a su mujer entiende que estas reacciones son de origen biológico y no simplemente de caprichos femeninos. Su esposa experimentará ciertos cambios físicos. Le pueden picar los senos, aumentar de volumen, tener más ganas de orinar, puede sentir nauseas, especialmente al despertar y por haber estado varias horas sin comer. Atender a su esposa y facilitarle la vida sin presiones innecesarias, cooperar con ella, servirle alimentos y tratarla con ternura son acciones especiales de un hombre que ama y comprende.

Muchas mujeres sienten ganas de comer cosas especiales y las solicitan en el momento en que experimentan esa ansiedad la cual puede ocurrir en momentos muy inoportunos. Algunas esposas me han contado cuan insensibles e incomprensivos han sido sus esposos. Algunos no aceptan que estas sean ansias reales y mas bien creen que son exageraciones y por ello no son amables ni actúan con un espíritu de servicio. La verdad es que el amor se muestra también en pequeños detalles, así fueran invenciones de la mujer, que hermoso sería para ella sentir que su esposo le ama e intenta satisfacerla aun en cosas innecesarias.

Aunque las relaciones sexuales no están contraindicadas, a menos que el médico certifique que existe algún peligro, el marido debe ser lo más sensible con ella y la esposa no debe buscar como excusa su embarazo para evitar la intimidad sexual. El esposo debe tomar la iniciativa de llegar a un acuerdo sobre frecuencia, posiciones y horarios en que es más fácil para la mujer tener relaciones sexuales. En circunstancias normales, las relaciones íntimas no pueden dañar al niño o la madre, pero cuando existe peligro, debe consultarse al médico.

En general, marido y mujer deben experimentar todo lo que produzca deleite a la mujer encinta y como resultado alegrarán al niño. Después de los primeros tres meses la madre se encuentra más relajada, se siente más segura y conoce más de su condición física, por lo tanto, está más preparada para desarrollar con menos temores su vida sexual. Debido a que la mujer se va preocupando más de la salud y bienestar de ella y del niño que viene, algunos hombres se disgustan porque sienten a sus esposas más lejanas. Además, perciben que va aumentando su involucramiento y su sentido de responsabilidad y por ello se manifiestan más estresados. Los hombres sabios y amorosos aprenden a manejar estos sentimientos y hablan libremente con sus esposas, pero no permiten que estos les motiven a actuar mal con ella y por tanto, provocarle sufrimiento.

El nacimiento de la competencia

Los hombres no podemos experimentar la alegría de dar la vida. Todos nos sentimos felices de no tener que sufrir el dolor, cansancio, tensiones e incomodidades que produce éste proceso, ni podemos sentir lo que vive una mujer. Apoyar a la esposa durante las últimas horas de su embarazo es una experiencia que la mujer recordará por siempre.

Los esposos debemos asumir nuestra paternidad lo antes posible y nada puede ayudar más a un hombre que comenzar a vivir esa etapa al participar en los ejercicios de manutención y preparación para el embarazo, enviar su ternura al niño a través de la forma como trata a su esposa, prepararse y participar en el proceso de alumbramiento y colaborar activamente en las responsabilidades que entrega un recién nacido. La ignorancia e incertidumbre pueden crear tensión, por ello marido y mujer deben prepararse. Nadie mejor que un marido amoroso puede ser de gran apoyo para la mujer que da a luz.

Muchas veces los hombres nos sentimos extraños en la relación entre la madre y el bebé. Algunos no saben como actuar y eso le lleva a una sensación de impotencia que algunas madres interpretan como indiferencia. Cuando nuestras esposas dan a luz, nos volvemos como niños. Tampoco es fácil para nosotros asumir el papel de esposos y padres de nuestros hijos. Cada acción de ternura no solo impresiona al bebe sino aun a su madre. Es cierto que algunas madres contribuyen a que el esposo experimente un sentimiento de abandono pues convierten a su bebé en el centro de su vida.

Las mujeres y sus maridos deben recordar que en la familia los niños vienen para irse, mientras que los cónyuges se quedarán toda la vida. Si ambos aprenden a amarse y darse la importancia que tienen y aman y crían a su bebé con la sabiduría necesaria, ellos y el niño disfrutarán de una relación familiar saludable. Los hombres debemos tener sabiduría para determinar el momento propicio para comenzar nuestras relaciones sexuales, después del parto. Sicológica y físicamente la mujer ha sido afectada y lo que menos quisiera es sentir dolor en su vagina.

Los médicos aconsejan esperar algunas semanas antes de iniciar la actividad sexual, lo que no debe impedir que el hombre sea cariñoso. Marido y mujer deben conversar y ponerse de acuerdo sometidos a la indicación médica. El hombre debe ser comprensivo y entender que se necesitan semanas para que el útero vuelva a su estado normal y más tiempo si se efectuaron cortes en el momento del parto. Se necesita tiempo para que las heridas estén perfectamente cicatrizadas.

El médico será el mejor aliado para tomar una determinación inteligente. Pero no sólo el hombre es responsable de ser sensato para volver a las relaciones sexuales, también la mujer debe estar preocupada de tomar todas las medidas prudentes y buscar el consejo profesional para iniciar lo antes posible su vida íntima para que el marido vuelva a sentir la satisfacción sexual que tanto necesita.

Las mujeres y sus maridos deben recordar que en la familia los niños vienen para irse, mientras que los cónyuges se quedarán toda la vida. Si ambos aprenden a amarse y darse la importancia que tienen y aman y crían a su bebé con la sabiduría necesaria, ellos y el niño disfrutarán de una relación familiar saludable.

La presión de la menopausia

Muchos hombres que asisten a mis conferencias han admitido su ignorancia con respecto al tema de la poderosa menopausia. No sólo los hombres, muchas mujeres no comprenden bien los efectos que tiene y la forma de manejarla. La mayoría de las personas no entienden la serie de cambios que se dan. La menopausia no es sólo el cese de la menstruación, sino una serie de consecuencias que esta produce. Tristemente existen muchos mitos que deben ser destruidos pues la ignorancia nos lleva a actuar erróneamente.

Especialmente, algunas mujeres que deben pasar por una operación de útero y ovarios piensan que quedaran sexualmente inoperantes. Muchos hombres me han consultado si eso es verdad y algunos han aconsejado a sus esposas no operarse por temor a que ellas no sirvan sexualmente. No hay verdad en esa forma de pensar, como tampoco es cierto que cuando al hombre le realizan la vasectomía queda impotente. Tampoco es cierto que cuando a la mujer se le termina la regla pierda su femineidad, pues no es el fin, sino una etapa de su vida que también debe aprender a disfrutar.

El hombre que desea conocer a su mujer debe entender que él puede ser un apoyo increíble en esta etapa con nuevos desafíos. Así como los cuerpos difieren, igual sucede con los síntomas de las mujeres en la edad de la menopausia. En esta fase se disminuye la producción de la hormona de la femineidad llamada estrógeno y cesa casi completamente la producción de la hormona de la maternidad o progesterona. Algunas mujeres no tienen muchos síntomas, otras experimentan algunos. Sufren insomnio, depresiones, se puede reducir la lubricación vaginal, tener dolores de cabeza, calores regulares, las reacciones afectivas pueden ser muy fuertes, otras se sienten muy fatigadas.

Junto con esos síntomas, existen otros que son menos medibles pero reales. El sistema nervioso generalmente es más sensible, las emociones son más intensas, la autoestima puede bajar y todo esto puede ocurrir a pesar de las buenas intenciones de la mujer. Estas experiencias son difíciles de manejar como también lo son sus reacciones. El hombre tiene que prepararse para lidiar con este desafío con mucha sabiduría. Un hombre prudente no se deja guiar por los antiguos mitos que le producirán confusión y pondrán en conflicto su relación, ni tampoco ignorará esta etapa que debe ser manejada con conocimiento.

Usted debe estar seguro que su relación conyugal será afectada durante el periodo de menopausia de la mujer, pero el mayor o menor efecto que tenga no sólo depende de que la mujer se informe y aprenda a manejar bien su situación y que el hombre responda con amor, paciencia, sabiduría y comprensión. Los cambios de genio tan comunes pueden producir severos conflictos si ambos no saben manejar la situación.
Una mujer no pretende que sus cambios provoquen conflictos y generalmente cree que no los causa, pero esos cambios si producen enfrentamientos. La mujer puede convertirse en hostil y malhumorada. Puede perder confianza en sí misma y ser desconfiada. En ciertos momentos puede no soportar estar entre otras personas y en otros puede odiar estar sola.

Es imprescindible que tengan conversaciones abiertas y busquen adquirir el mayor conocimiento, así como recibir orientación profesional. En algunos casos la ayuda médica y las medicinas son indispensables, pero necesitarán buscar varias opiniones que le guíen a tomar sabias decisiones.
La respuesta inadecuada a las consecuencias de la menopausia puede ser la causa de la destrucción de una relación conyugal o puede ser una etapa más, llena de desafíos que la pareja debe afrontar y que con sabiduría pueden superar. Ayudar a la esposa en esta etapa de grandes desafíos es una tarea que todo esposo debería realizar. Por cierto, puede que sea una de las tareas más demandantes de la vida.

Muchos matrimonios se destruyen en ésta etapa pues los maridos no están dispuestos a lidiar con los problemas que surgen de los cambios emocionales que vive la mujer. Ella puede tener cambios gigantescos de ánimo y en realidad les es muy difícil relacionarse, cuando no tiene la sabiduría para lidiar con sus propios conflictos. Debe recordar que está siendo presionada a sentirse así. Su cuerpo y su mente están en grandes cambios y el hombre debe entender que ella no disfruta, ni busca sentirse así.

Recuerde que usted, es la persona más importante para ayudarle en esta etapa de su vida. Tenga en cuenta que seguramente ella ha realizado grandes sacrificios para servirle por muchos años y ahora necesita la comprensión del marido al cual ha servido.

Usted debe estar seguro que su relación conyugal será afectada durante el periodo de menopausia de la mujer, pero el mayor o menor efecto que tenga no sólo depende de que la mujer se informe y aprenda a manejar bien su situación, sino también de que el hombre responda con amor, paciencia, sabiduría y comprensión.

Después de todo, ¿a quien puede recurrir una mujer que ha dado muchos años para servir a su marido? No son los hijos, ni los extraños, sino el esposo la persona más importante para ayudar a su esposa a pasar esta temporada tan difícil y desafiante.

CAPÍTULO QUINTO

· · · · · · · ·

"Aunque es difícil y demanda una gran determinación comprender el mundo de la mujer y amarla a pesar de que vive un mundo complicado y engorroso, lo podemos hacer, si con la ayuda de Dios y basados en los valores divinos, determinamos convertirnos en hombres sabios y amorosos".

5

La difícil responsabilidad de un hombre amoroso

Este mundo necesita hombres comprensivos y las mujeres varones que a pesar de ser tan diferentes, hagan un serio esfuerzo por comprenderlas y amarlas. Los hombres podemos ser de gran impacto en la vida de nuestras esposas y por ende en nuestra familia y la sociedad, siempre y cuando decidamos vivir con sabiduría e integridad.

La Biblia desde el Génesis hasta el Apocalipsis nos muestra a hombres que produjeron un impacto en la época en que vivieron. Cada vez que uno de ellos decidió someterse a los principios y valores divinos, su aporte a la sociedad y la cultura fue excelente, pero cada vez que alguien decidió actuar como un desobediente, produjo un impacto negativo que trajo severas consecuencias.

La dificil responsabilidad de un hombre amoroso

La Biblia nos muestra que Dios siempre ha buscado ese tipo de hombres que amen la verdad, vivan con integridad, se sometan a Dios con devoción, mantengan su intimidad y con Él, traten a las personas con respeto y dignidad. En el Segundo libro de Crónicas capítulo 16 versículo 9 encontramos algunos indicios de esta búsqueda de Dios: *"Porque los ojos del Señor contemplan toda la tierra, para mostrar su poder a favor de los que tienen corazón perfecto para con él"*.

Dios busca hombres que no reaccionan conforme a los dictados de su corazón, sino aquellos que a pesar de sus deseos e intenciones deciden vivir por convicciones. Dios busca varones que prefieren alinear los deseos de su corazón con la voluntad soberana de su Creador.

El otro lado de la moneda es que a Dios no le agrada que los hombres sigan los dictados de su corazón y actúen con injusticia. En muchas ocasiones la Biblia nos muestra la reacción divina frente a la injusticia de los hombres.

En Isaías 59 versículo 15 dice: *"Y la verdad fue detenida, y el que se apartó del mal fue puesto en prisión; y vio Jehová, y desagradó sus ojos, porque pereció el derecho"*. A Dios le encantan los hombres que buscan, viven y exigen la justicia. Cuando los encuentra, no solo está dispuesto a utilizarlos para el bien que desea hacer, sino para beneficiar al resto de la sociedad. En Jeremías capítulo 5 versículo 1 dice lo siguiente: *"Recorred las calles de Jerusalén, y mirad ahora, e informaos; buscad en sus plazas a ver si halláis hombre, si hay alguno que haga justicia, que busque verdad; y yo la perdonaré"*.

La injusticia de los hombres no solo afecta su vida, y la de su familia, sino a toda la sociedad. Los esposos violentos que actúan con injusticia en sus hogares, no solo dañan a su esposa e hijos, sino que lanzan a la sociedad a personas con una formación que les inclina a la violencia. Por ello Dios disciplina a los hombres que deciden rebelarse contra su voluntad soberana. El Señor no desea tener que disciplinar los actos erróneos de los hombres que finalmente afectan a toda la sociedad, pero debe hacerlo porque es un Dios santo y justo que anhela el bien de la humanidad.

Él busca hombres que hagan la diferencia, que sean instrumentos de justicia en su hogar y la sociedad. Dios quiere que los hombres tomen el liderazgo en sus hogares, en las naciones y sean instrumentos de justicia que viven y exigen integridad. Ezequiel 22 versículo 30 dice: *"Y busqué entre ellos hombre que hiciese vallado y que se pusiese en la brecha delante de mí, a favor de la tierra, para que yo no la destruyese; y no lo hallé"*. Dios quiere utilizar el liderazgo de los hombres para el bien de las naciones. Él ha trabajado por medio de individuos a través de la historia. Ha buscado hombres y mujeres dispuestos a seguir sus instrucciones, muchas veces utiliza sólo a uno. Un determinado y fuerte ciudadano que se ha comprometido a luchar contra la maldad ha logrado grandes cambios debido a que se ha sometido a la voluntad divina y soberana en vez de seguir las indicaciones de su imperfecta naturaleza humana.

Los hombres podemos ser un gran impacto en la vida de nuestras esposas y por ende en nuestras familias y la sociedad, siempre y cuando decidamos vivir en obediencia a Dios y sus principios con sabiduría e integridad.

Se necesitan maridos sabios y amorosos

El mundo y la mujer necesitan de hombres que determinen ser sabios y demuestren su amor constantemente. Un hombre comprensivo es una gran ayuda para una mujer atareada y bien involucrada en la crianza de sus hijos. La ardua tarea de ser ama de casa puede conducir a la mujer a una serie de tensiones y frustraciones. Si nosotros, en vez de ser compañeros cooperadores, nos convertimos en otra carga más en su larga lista de ocupaciones, en vez de ayudarla, la estamos perjudicando y en vez de contribuir para tener un ambiente de tranquilidad y paz en la relación familiar podemos convertirnos en causa de problemas en lugar de agentes de solución.

Estoy convencido que es imposible amar sabiamente a alguien que no conocemos profundamente. Para aprender a amar de la forma que Dios planificó que amemos, a esa mujer tan importante en nuestra vida, le invito a conocer su interesante, pero también complicado mundo.

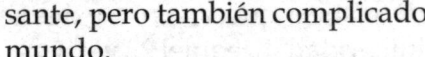

> *Es imposible ser un hombre sabio y amoroso sin comprender profundamente, las necesidades que nuestra querida esposa tendrá permanentemente.*

Aún las madres que tienen un gran compromiso de amor con su esposo y con sus hijos, pasan por instantes en que quisieran abandonarlo todo. Es que la vida no es fácil: los niños pequeños son ruidosos y por iniciativa propia no planifican espacios para que su madre descanse. Los niños generalmente desordenan y juegan con gritos y hacen ruidos que aumentan la tensión maternal. Los niños se enferman y provocan serias preocupaciones a las madres amorosas y preocupadas. Los niños no siempre son obedientes, más bien tienden a desobedecer, se enojan, se rebelan y complican la vida de la mujer.

Toda esa rutina diaria produce una seria tensión que hace pesada la labor maternal y se va acumulando diariamente. Además de las presiones externas, ellas también enfrentan algunos problemas peculiares y propios de su sexo y otros que nosotros no experimentamos con regularidad. Las madres de familia que pasan mucho tiempo con sus hijos en casa, anhelan la compañía de personas adultas y de un esposo que pueda compartir con ellas la difícil carga de criar a los niños. Cuando una mujer está soportando sola las tensiones de la vida, por momentos se siente totalmente incapaz de enfrentarlas. Esta situación se hace mucho más difícil y frustrante cuando no puede compartir esos sentimientos profundos ni siquiera con su propio marido. Cuando no tiene a quien recurrir, la mujer siente que está perdiendo ingredientes vitales para el normal desarrollo de su vida.

Ellas desean en forma desesperada que sus esposos comprendan sus miedos y sus frustraciones, pero muchas veces no saben de qué forma decírselo y en vez de motivar una respuesta sabia, presionan y dan lugar a la respuesta inadecuada del hombre que aunque tenía la intención de comprender, respondió con dureza e inapropiadamente a la mujer por no expresar su frustración adecuadamente.

Algunas mujeres actúan con frustración debido a sus propias actuaciones equivocadas o a veces responden sin sabiduría pues han intentado reiteradamente dar a conocer cómo se sienten, pero no han conseguido la simpatía ni el apoyo de su esposo, sino más bien exhortaciones, reprimendas, sermones o cualquier otra respuesta negativa. Conocer a nuestra esposa demanda una actuación sabia y amorosa del hombre que intenta amar a quien eligió como compañera para toda la vida.

Las siguientes son determinaciones y acciones que no solo permitirán que el marido conozca a su esposa, sino que actúe con comprensión y al hacerlo se sienta feliz de ser el esposo que Dios quiere que sea.

Un hombre sabio y amoroso comprende cual es el diseño divino y el propósito de Dios para la mujer

No existe forma de comprender a una mujer sin entender cómo y para qué Dios la creó. El propósito de Dios para la vida de la mujer es qué mediante el conocimiento y la practica de los principios y preceptos divinos conozca el propósito de su vida, se desarrolle integralmente mediante el cumplimiento de este y en consecuencia se sienta realizada y se constituya en una ayuda idónea para su cónyuge y una formadora de la vida integral de sus hijos.

Cómo líderes del hogar, los hombres tenemos la responsabilidad de ayudar a nuestras amadas esposas para qué ellas entiendan y cumplan el propósito de Dios para sus vidas. Ellas no serán felices por tener una casa hermosa o por vivir las circunstancias más grandiosas, las mujeres serán felices cuando entiendan y cumplan la razón de su creación. Dios la creó para amar y esa es su responsabilidad, también para recibir amor y ese es nuestro deber. Una mujer tendrá un gran elemento de realización al amar como Dios le ama a ella. Fueron creadas para tener intimidad integral con un hombre que las ame porque lo necesitan.

Nuestra necesidad de relación saludable es legítima y debe ser satisfecha, y nosotros debemos ser personas a quienes es fácil amar. Esa necesidad de amar debe ser suplida por el marido que la escogió y desea plasmar su cariño en forma práctica.

Todos necesitamos ser íntimos, pero en forma natural no podemos ni sabemos como serlo. El pecado y por lo tanto, nuestra naturaleza pecaminosa se levantan como una barrera y no podemos conseguir intimidad genuina automática, por ello los hombres amorosos deben luchar contra su tendencia de ignorar las necesidades de sus mujeres y tener una estrategia para actuar como Dios ordena en vez de cómo ellos sienten.

La difícil responsabilidad de un hombre amoroso

Nuestras esposas, aunque hayan tenido una formación errónea deben aprender a ser íntimas. Esa es su responsabilidad, pero también es obligación de sus esposos aprender y determinar ser íntimos emocional, espiritual y físicamente con ellas. Como hombres creados por Dios para guiar a nuestras familias hacia el cumplimiento de su propósito, debemos entender cual es el propósito de su existencia y crear las instancias necesarias para que ellas puedan descubrirlo. La ayuda mutua y la relación sensata entre marido y mujer es condición esencial para tener una relación normal.

Las mujeres deben entender que su esposo no puede ser su fuente de vida y felicidad y nosotros los maridos debemos guiarles a que no acudan a nosotros en busca de su felicidad pues no podemos otorgarla. Nosotros podemos brindar cariño, comprensión, trato tierno, respeto, confrontación sabia, pero no podemos ser su fuente de realización porque somos una cisterna contaminada por nuestro egoísmo y pecaminosidad.

Las esposas no serán felices por tener una casa hermosa, tener un marido perfecto o por vivir las circunstancias más grandiosas, ellas serán felices cuando entiendan, cumplan y vivan con excelencia la razón de su existencia.

Dios dijo a los Israelitas que con su actitud errónea al depender de las ideas humanas, de sus ofrecimientos y satisfacciones, de sus razones equivocadas al pensar que su fuente de contentamiento podía ser el dinero, el poder y los sistemas religiosos, ellos estaban dependiendo de sistemas vacíos. Dios les dijo que estaban rechazando un manantial resplandeciente y saludable por un pozo vacío que no podía entregarle el contentamiento que buscaban (Jeremías 2:13).

Muchas mujeres piensan que lo que ofrece este mundo o sus maridos pueden ser manantiales de satisfacción, cuando en realidad somos pozos vacíos. Muchos hombres no solo creen erróneamente que ellos pueden ser la fuente de contentamiento de sus esposas, sino que algunos creemos que podemos satisfacer todas sus necesidades y aun sentirnos culpables por no poder hacerlo. Otros se van al otro extremo de vivir vidas independientes e ignoran su responsabilidad de ser instrumentos de guía y orientación, así como de apoyo para que su esposa tenga el ambiente propicio para ser lo que Dios planificó que sean.

Cuando una mujer piensa que el hombre es quien debe satisfacer sus anhelos y necesidades lo convierte en un dios y vivirá decepcionada pues la pequeña satisfacción que se encuentra en la fuente equivocada, es pasajera y está destinada al fracaso. Los falsos dioses son adictivos pues nunca complacen verdaderamente nuestras necesidades y nos convertimos en esclavos de quienes creemos que son la fuente de nuestra satisfacción.

Eso es precisamente lo que lleva a muchas mujeres a la decepción y es precisamente lo que los maridos sabios y amorosos no deben comunicar a sus mujeres. Nosotros, con nuestro ejemplo y motivación debemos guiarlas para que aprendan a depender de Dios, de sus consejos y principios.

Cuando ellas hacen lo que deben, sin importar las reacciones de quienes le rodean, se sentirán bien y realizadas, al contrario, cada vez que se dejan llevar por sus sentimientos y esperan que otros satisfagan sus necesidades, crean un sentido de dependencia que les produce mayor ansiedad. Dios no quiere que el propósito que Él tiene para la vida de la mujer sea determinado por los hombres, ni tampoco por las mujeres. Su propósito no lo revela la sociedad. El sistema actual usa a las mujeres. Sus bonitos cuerpos son utilizados para comerciales y concursos de belleza y los "expertos" son

La difícil responsabilidad de un hombre amoroso

los que deciden cuales deben ser las medidas ideales de mujer. El concepto de belleza lo definen los intereses económicos y los profesionales en productos cosméticos dejan a la gran mayoría de mujeres con una sensación de fracaso por no poder ser lo que ellos idealizan.

El propósito divino para la vida de la mujer no lo revela su trasfondo familiar. A pesar de las buenas intenciones de los padres de guiar y motivar a sus hijas para que sean lo mejor que ellos esperan, no tienen la capacidad natural de definir el propósito maravilloso para el que fue creada. El propósito divino es mucho más grande que las buenas intenciones de los padres.

El propósito divino para la mujer no puede ser revelado por su propia intuición. En forma natural no puede entender para qué vive. Ella es pecadora y no puede entender naturalmente los propósitos santos de Dios. Es imperfecta y no puede entender el diseño de un Dios perfecto. Pero Él no podía dejarnos en las tinieblas y por tanto dejo su propósito establecido en la única regla de fe y conducta que es su Palabra.

Como líderes de nuestras familias, los varones tenemos la responsabilidad maravillosa de estudiar la revelación divina con sabiduría y comprender cual es el deseo de Dios para la vida de nuestra esposa, y ayudarle a que basada en la revelación de los propósitos divinos que se encuentran en las escrituras ellas puedan comprender la razón de su creación. Dios dejó la estructura para que la mujer y el hombre puedan desarrollar el propósito para el cual fueron creados, revelado claramente en la Biblia, por tanto debemos armar la revelación como un rompecabezas para tener el panorama general de la vida. Dios desea que la mujer viva una existencia realizada y por ello ha dejado una estructura clara para su vida y todas las mujeres tienen el potencial de ser lo que Dios diseñó.

Las escrituras bien estudiadas, interpretadas, entendidas y aplicadas son poderosas. La Biblia es lámpara a nuestros pies y mediante su luz podemos caminar con seguridad por los senderos de la vida.
Es esencial que nosotros los hombres la estudiemos, ayudemos a nuestras esposas a determinar que ésta será su única regla de fe y conducta en la cual basaremos nuestra vida y relación conyugal, aunque lamentablemente la mayoría no lo haga y acepte presiones personales, ideas de otros y convicciones erróneas para conducir su vida.

Las mujeres deben entender que su esposo no puede ser su fuente de felicidad y nosotros, los maridos sabios y amorosos, debemos guiarles a que entiendan que su realización no depende de vivir conforme a sus ideas humanas sino de acuerdo a los planes y propósitos divinos.

Un hombre sabio y amoroso comprende que su esposa tiene el mismo valor delante de Dios

No existe ninguna duda que la mujer fue realzada por el mensaje justo y maravilloso de Cristo. A los ojos de Dios todos somos iguales, y tenemos la misma dignidad. Especialmente cuando un hombre ha aceptado vivir sometido a las demandas y los principios no tiene otra opción sino entender y vivir demostrando que la fe en Cristo va mas allá de las diferencias y hace que los creyentes no solo sean vistos por Dios con la misma dignidad, sino que además, ellos deben verse como iguales. El apóstol Pablo dice que: *"Ya no hay judío ni griego; no hay esclavo ni libre; no hay varón ni mujer; porque todos vosotros sois uno en Cristo Jesús".* (Gálatas 3:28).

Examínenos rápidamente, uno por uno estos términos. En primer lugar dice que no hay distinción de raza, que no hay judío, ni griego, que hay igualdad y no hay preferencia. Nadie por su raza, su color, su sexo, está más cerca de Dios que otro. Vivimos en un mundo donde existen diferentes razas, pero en Cristo no hay distinción étnica. Vivimos en un mundo de sistema de clases sociales, pero delante de Dios somos iguales. Dice el apóstol que no hay esclavo, ni libre, no hay un favor especial para uno, no hay una clase de nobles y otra de desposeídos. No hay nombres especiales o condición social que se gane el favor de Dios. No hay posibilidad de acercarse con mayor facilidad a Dios por ser más o menos educado.

El apóstol además, agrega que, delante de Dios no hay varón, ni mujer. En estos días se habla mucho acerca de este tema pero no todos los maridos entienden que ésta es una declaración extraordinaria que nos hace más responsable delante del Creador y nos motiva a actuar con sabiduría respetando a nuestras esposas como iguales delante de Dios. El señor John R. W. Stott comenta lo siguiente: *"Cuando decimos que Cristo abolió las distinciones no queremos decir que no existan, sino que no importan. Todavía existen; pero no pueden crear barreras para la comunión"*.

Ese es el punto central del versículo. En esta declaración bíblica no existe apoyo para los grupos feministas que indican que somos idénticos. Como personas somos diferentes, aunque delante de Dios somos iguales. En las palabras del apóstol no existe apoyo para la actitud pecaminosa de aquellos que no creen en la distinción de sexo.

Hombres y mujeres somos diferentes partiendo desde las células de nuestro cuerpo. Dios nos hizo diferentes, Él quiso que existiera distinción, que los hombres seamos totalmente masculinos y las mujeres totalmente femeninas. Una antigua oración judía revela la forma como los varones religiosos consideraban a las mujeres. Una de las plegarias matinales que decían los judíos, como acción de gracias a Dios, era la siguiente: *"Te doy gracias a ti oh Dios porque no me has hecho un gentil, ni un esclavo, ni una mujer"*.

Pablo toca directamente el corazón de aquellos comentarios y rechaza esa idea de desprecio que aparecía en la oración que hacían los judíos. En estos 3 versículos rechaza aquella idea errónea y el espíritu discriminador de esa oración. La oración de Pablo podría ser la siguiente: *"Te doy gracias oh Dios porque en Cristo Jesús somos iguales los judíos y los gentiles, los esclavos y los libres, los hombres y las mujeres"*.

Nuestro papel como líderes de nuestros hogares es ayudar a nuestras esposas a entender que no se liberan utilizando el camino de esforzarse en ser como hombres, aunque somos iguales delante de Dios. El camino hacia su libertad es aceptarse a ellas mismas en su originalidad. Ellas deben aceptar sus cualidades y sus limitaciones aunque no es una tarea fácil pues la aceptación de sí mismo no nace con nosotros. Los hombres cariñosos y prudentes debemos vivir dando el lugar y el respeto que la mujer tiene.

Si delante de Dios hombres y mujeres somos iguales, los hombres sabios y amorosos debemos tratar a nuestras esposas con el mismo amor y respeto que nosotros anhelamos recibir.

Aunque Dios nos ha dado el poder para ser líderes de nuestros hogares, debemos ejercer esa potestad basada en la definición de autoridad bíblica que no da lugar al machismo. La jerarquía que Dios nos modela y encarga nos debe motivar a tratar a nuestras esposas con el mismo respeto, cariño, aprecio, dignidad y excelencia como nosotros queremos y necesitamos ser tratados.

Un hombre sabio y amoroso comprende que el hombre y la mujer se necesitan mutuamente

Dios nos creó para vivir en una relación interdependiente. Pablo dice: *"Pero en el Señor, ni el varón es sin la mujer, ni la mujer sin el varón". (1 Corintios 11:11).* El hombre y la mujer que entienden el amor genuino y por ello viven en forma interdependiente, se complementan. Ninguno debe actuar como independiente ni pensar que es superior al otro. La subordinación de la mujer no significa superioridad del hombre ni inferioridad de la mujer. Así como cuando nos casamos, nos unimos para ayudarnos y complementarnos, así también debemos preocuparnos de nuestro desarrollo personal sin perjudicar la relación conyugal.

Dios nos creó como seres que deben desarrollarse en forma individual y que se ayudan en su crecimiento y desarrollo mientras combinan esfuerzos, aportan recursos, contribuyen con ideas, y se auxilian cuando es necesario.
Para poder vivir de la forma que Dios diseñó, los cónyuges deben esforzarse por evitar los extremos de independencia y dependencia que destruyen las relaciones matrimoniales.

Evite la independencia

El equipo conyugal no funciona cuando cada miembro toma decisiones autónomas e ignora las necesidades, deseos, opiniones de quien le ama y ha decidido compartir su vida. No nos casamos para vivir juntos en la misma casa y dormir en la misma cama, ni para tomar decisiones unilaterales.
El matrimonio no fue diseñado para que ambos cónyuges actúen separados, indiferentes a las ideas del otro o rebelándose contra sus opiniones. Dios creó el matrimonio para que exista unidad.

Esa idea moderna de tener cada uno una responsabilidad económica independiente y no unir sus esfuerzos, ni sus ingresos; en lugar de tener todo en común como personas que planifican vivir toda su vida juntos y beneficiarse mutuamente, es una determinación que no tiene apoyo bíblico ni debe ser la practica de un matrimonio cristiano.

Evite la dependencia

La relación conyugal no funciona de acuerdo al modelo del creador de la familia cuando uno de los cónyuges tiene una actitud tirana e impone sus ideas y el otro se somete sin expresar sus diferencias y opiniones. La Biblia nos da la libertad de ser lo que somos y no solo de expresarnos libremente, sino exigir también sabiamente nuestros derechos bíblicos.

Cuando uno de los cónyuges depende totalmente del otro, no existe una relación matrimonial saludable. Si uno de la pareja tiene temor, no se siente capaz o se encuentra impedido de desarrollar su vida personal, sus planes, su visión sin afectar su relación conyugal, y sólo decide someterse al cónyuge que ha decidido actuar con tiranía, no existe una relación conyugal sana. La dependencia de uno es la aceptación de la opresión, la sumisión de uno es la tiranía del otro, la dependencia de ambos es una co-dependencia que impide que la relación sea saludable y se desarrolle con excelencia.

La interdependencia

Esta no es una tarea fácil, ni en forma natural luchamos por ser interdependientes. En general, los hombres preferimos la independencia, y la mujer por su percepción más emocional de la vida y su anhelo de romanticismo, se inclina a buscar la inclusión. Cuando el hombre busca ser independiente, ella no se siente cercana y comienza a sentir que no la ama, y mientras piensa eso, intenta incluirlo y no le da el espacio que necesita, entonces el marido comienza a sentir que ella esta intentando meterse demasiado y no lo respeta.

La interdependencia es la sumisión y respeto mutuo que determinan tener los cónyuges y permite que cada uno aporte ideas, conocimiento y experiencias, de acuerdo a sus capacidades. La interdependencia es la libertad sabia y respeto mutuo que tiene cada cónyuge para desarrollar sus dones y talentos para el beneficio personal y de la relación matrimonial. La interdependencia es la disposición a relacionarse con tanta sabiduría y respeto por sí mismo y por el cónyuge, que ambos buscan acuerdos basados en los principios y valores morales que tienen su fundamento en la santidad de Dios y que se traducen en un trabajo en equipo que beneficia la relación.

El rol es el conjunto de rasgos que distingue la función de un cónyuge con respecto al otro. Para tener un matrimonio exitoso es imprescindible tener completa confianza y claridad sobre quién hace qué, por qué debe hacerlo y cómo debe hacerlo. El marido que conoce y ama a su esposa toma el liderazgo para descubrir cuáles son los roles que a cada uno le corresponde según la revelación bíblica. Como matrimonio conversan acerca de sus capacidades y responsabilidades y ambos se comprometen a cumplirlos con sabiduría y responsabilidad.

Si queremos tener una relación conyugal que cumple el propósito divino, como maridos amorosos debemos servir con dedicación y cumplir responsablemente el rol que Dios ha diseñado sabiamente

Un rol es la función esencial y personal diseñada por Dios para que cada uno de los esposos realice al aporte necesario a la relación conyugal con el fin de tener un matrimonio que de la gloria a Dios y sirva para el bienestar y desarrollo de todos los miembros de la familia. Los roles, tal como el timón de una embarcación, no son visibles, pero son indispensables para mantener el curso.

Al igual que el timón que no se ve porque está bajo el agua, así los roles están ocultos. Cuando el timón se ha roto, la embarcación comienza a desviarse, igual sucede cuando no existen roles bien definidos y los cónyuges por ignorancia o rebelión no los cumplen, la relación conyugal comienza a alejarse del propósito divino.

Es muy importante que los cónyuges no sólo entiendan lo que la Biblia enseña con respecto al papel que debe cumplir el hombre y la mujer en la vida de pareja sino que ambos conozcan el mundo de su cónyuge para poder apoyarse mutuamente y de la forma que es imprescindible. Tratar de llevar por la vida un matrimonio sin roles es como tratar de navegar en una embarcación sin timón. Nuestro rol como esposos no nos entrega un simple rango. Es decir, no fuimos ubicados en una posición de autoridad para que todos reciban nuestras órdenes. Nosotros debemos servir por amor y mediante nuestro servicio sabio y competente, debemos establecer un buen precedente. El cónyuge que no sirve en amor y de acuerdo al rol establecido por Dios, no sirve. Es imposible tener una relación conyugal que cumpla el propósito divino sin ejecutar los roles que Dios diseñó para los seres humanos. Como maridos amorosos no podemos servir con dedicación y cumplir responsablemente el papel que Dios nos ha diseñado sabiamente, sino conocemos cuales son los parámetros divinos que nos permiten actuar obedientemente.

Un hombre sabio y amoroso
comprende y práctica el amor genuino

No podemos amar genuinamente sin comprender verdaderamente lo que es el amor verdadero. La mayoría llegamos al matrimonio ilusionados por los sentimientos que experimentamos y creemos que es suficiente con la ilusión y emoción que nos une. En esa etapa de enamoramiento, nos sentimos emocionados porque la persona de quien nos encariñamos parece ser todo lo que necesitamos, nos hace sentir algo emocionante, nos gusta pasar tiempo con ella y nos sentimos tristes cuando no podemos verle.

Cuando estamos enamorados nuestro enfoque no está en nosotros sino en la otra persona y nos sentimos contentos al poder expresar nuestro cariño y aprecio hacia ella, porque nos entienden y nos alegra ser tratados con ternura. Por lo que sentimos, pensamos que será bueno pasar toda la vida al lado de alguien que nos hace sentir así, porque pensamos que estamos llenos de amor. Generalmente creemos que si ese sentimiento es tan lindo, no existe razón para terminarlo, si esa pasión que sentimos es tan maravillosa por qué terminar la relación. Si nos alegra y disfrutamos estar juntos, ¿por qué no casarnos para no separarnos? Si cada vez que nos vemos me trata con ternura y los pocos momentos que pasamos juntos son tan estimulantes, para qué separarnos todos los días, si al estar casados podemos pasar juntos y continuar nuestro romance día y noche.

Muchos piensan, si ella suple mis necesidades en este momento, entonces, es la persona que Dios me regaló para que lo haga toda la vida. Si siento que esa persona me ama, para qué separarme de ella. Si me siento dichoso porque no estar siempre con ella y seguir siendo feliz. El problema de esta errónea interpretación es que la felicidad no es un estado, ni el amor es sólo un sentimiento. Los seres humanos podemos ser tan felices como planificamos serlo, pues podemos elegir ser como el Dios que nos creó.

Podemos experimentar tanta felicidad como interés y determinación tengamos para cumplir el propósito que Dios tuvo para nuestra creación. Podemos elegir vivir con realización si escogemos las acciones que producen paz y nos permiten relacionarnos con sabiduría con las personas que nos rodean. Si decidimos actuar inteligentemente, con excelencia, imitando el modelo de nuestro sabio Dios, experimentaremos la paz que resulta de vivir en obediencia. La vida no es hacer lo que queremos para sentirnos felices, sino realizar lo que debemos para agradar a Dios, esta es la única forma de experimentar la realización como resultado de esa sabia elección.

Los seres humanos podemos ser felices si estamos interesados y tenemos la determinación de cumplir el propósito divino de nuestra creación.
Elegimos vivir con realización cuando decidimos actuar inteligentemente, imitando el modelo de nuestro sabio Dios con excelencia, y así, como resultado, experimentaremos la paz que resulta de vivir en obediencia.

La determinación de amar

El hombre sabio y amoroso toma la determinación de amar a su esposa tal como es. Él imita el ejemplo divino para amar a su esposa de una forma incondicional. En Efesios 5:33 el apóstol Pablo entrega un par de mandamientos indispensables para el funcionamiento saludable de la relación conyugal.

En la Nueva versión internacional dice *"Cada uno de ustedes ame también a su esposa como a sí mismo, y que la esposa respete a su esposo"*. Note que estas no son opciones sino dos mandamientos. Un esposo debe acatar la orden de amar a su esposa aun si ella no obedece la palabra, ni lo respeta, o no es la persona que él espera. La esposa debe respetar a su marido aunque él no cumpla el mandamiento de amarla y no sea el hombre que ella anhelaba.

Esto destruye la idea popular que motiva a pensar que amamos cuando sentimos algo hermoso por la persona y cuando dejamos de sentirlo, se ha terminado el amor. Un estudio apropiado de la Biblia y el amor de Dios revelado en ella nos muestran que el amor no es solo un sentimiento que se experimenta, sino una determinación que realizamos.

Es cierto que cuando nos enamoramos nos sentimos alegres, emocionados, complacidos, atraídos, encantados y seducidos por quien conquistó nuestras emociones. No podemos eludir sentir esas sensaciones, pero podemos evitar la errónea ilusión de pensar que son los motores que mueven el amor y que estos sentimientos los vamos a experimentar constantemente.

Mas tarde en la relación de personas que se aman, y debido a que somos imperfectos, aparecerán acciones erróneas que herirán y nos motivaran a sentirnos enojados, molestos, desencantados, despreciados, ignorados y por lo tanto, no estaremos bien por las actuaciones equivocadas de la otra persona, pero aun así, podemos amarle. Incluso, no podemos evitar que las emociones nos muevan a las acciones, pero cuando sabemos amar no permitiremos evitar fallas de comportamiento motivadas por emociones genuinas.

Erich Fromm dijo *"el amor no es una victima de mis emociones, sino un siervo de mi voluntad"*. Esa declaración es inteligente y mucho más sabias son las enseñanzas de Jesucristo que nos muestran el verdadero amor. Cuando se trata de amor, Jesús, incluso nos ordena amar a nuestros enemigos y aunque ese mandato parece una contradicción no es una equivocación. Es cierto que nadie siente algo hermoso por quienes le hieren y actúan como enemigos. Es verdad que experimentamos sentimientos de rechazo a sus acciones equivocadas y molestia e ira por sus actitudes erróneas. Pero aun así, aunque nuestros sentimientos rechacen las acciones equivocadas y nos motiven a reaccionar enérgicamente contra el maltrato, esa actitud firme, pero sabia, es una muestra de nuestro amor.

Quien ama como Dios ordena no piensa que debe someterse al maltrato y que su acto de subyugación enfermizo es una muestra de su humildad. El verdadero amor, aquel que Dios deja a nuestra disposición también incluye justicia, la misma que se hace evidente en la exhortación dura y con autoridad y la confrontación directa y honesta, pero con tacto. Estos conceptos no son fáciles de entender pues están basados en lo profundo y maravilloso del amor divino.

La Biblia nos motiva a practicar el amor y no solo a sentir amor. Cuando tomamos el compromiso matrimonial en la ceremonia nupcial no hacemos un pacto de amar a nuestro cónyuge cuando nos sentimos bien y todo marcha a las mil maravillas. Es un pacto de amor a pesar de las circunstancias y de los errores. Quien cree que ama mientras lo siente creerá que se acabó el amor cuando sienta rechazo por las malas acciones de su cónyuge. Quien cree que el amor es un sentimiento lindo y cautivante motivado por la atracción que sentimos, que es ese instante de alegría por estar al lado de la persona que nos excita, cuando se sienta frustrado por no obtener el buen trato que había disfrutado, creerá que ese hermoso amor ya se ha marchado. Quien cree que el amor es el sentimiento estimulante de la atracción, cuando se sienta impotente, decepcionado, molesto o con ira por los errores de su cónyuge experimentará una severa frustración. Esos genuinos sentimientos de rechazo de las acciones malas y enojo por las actitudes equivocadas motivan a quien ama como Dios manda a corregir, exhortar, confrontar, pero si cree que el amor es solo un sentimiento, mas bien creerá que debe separarse o divorciarse porque ya no siente lo hermoso que había disfrutado en otro momento.

Al examinar cientos de testimonios, he notado que siempre vive decepcionado quien espera lo que el matrimonio o su cónyuge no pueden darle. Cuando alguien espera de la relación matrimonial algo que nunca fue planificado por

Dios, vivirá con permanente frustración. Siempre que alguien tiene erróneas expectativas con respecto a lo que ocurrirá con la persona que tanto le ha ilusionado en el noviazgo, está preparando el terreno para su decepción. Ese matrimonio va rumbo a la muerte o por lo menos al desengaño, despecho, desencanto y desilusión.

Lamentablemente, este estado de insatisfacción al no recibir lo anhelado, generalmente deja a la persona frustrada en una permanente condición de vulnerabilidad y para muchos es una excusa para tener una relación adultera. Dios demanda que la mujer ame a su marido. Pablo exhorta Tito que enseñe la "sana doctrina". Esto significa que enseñe lo que es saludable porque es lo que demanda Dios.

Algunos ejemplos de esa enseñanza saludable se notan en el siguiente mandato apostólico: *"Que los ancianos sean sobrios, prudentes, sanos en la fe, en el amor, en la paciencia. Las ancianas asimismo sean reverentes en su porte, no calumniadoras, no esclavas del vino, maestras del bien, que enseñen a las mujeres jóvenes a amar a sus maridos y a sus hijos..."*. (Tito 2:2-4).

Al interpretar estas enseñanzas notamos que existen dos importantes verdades sobre el amor. Primero, cuando dice sean sanos en el amor, nos indica que algunos pueden tener un sentimiento enfermizo. Segundo, las mujeres deben enseñar el amor. Es interesante que Pablo por inspiración divina demande que las mujeres ancianas enseñen a amar.
¿Se da cuenta que el amor no es todo sentimiento? Eso es precisamente lo que tenemos que aprender los maridos que deseamos ser sabios y amorosos. Los hombres debemos aprender a amar a nuestras esposas. Amar incluye tener una actitud de aceptación incondicional de la persona, a pesar de las diferencias. Su esposa es una persona imperfecta, pero es un regalo de Dios que debe ser cuidado.

Cuando amamos, aceptamos los pensamientos de nuestra esposa. Ella es libre para razonar. Eso no significa que siempre piense lo correcto. Es una mujer pecadora que también fallará, pero debemos aceptar su manera de juzgar, aunque para actuar debemos examinar, evaluar y decidir sabiamente. Los maridos amorosos, que conocen a sus esposas, saben que ellas tienen sentimientos personales que no se deben ignorar. Los sentimientos de ella son verdaderos.
Puede que ella no los esté manejando bien, que se deje guiar por sus emociones, pero el hombre sabio acepta esas emociones como genuinas y apoya, considera los sentimientos de su esposa, atiende su necesidad y también corrige con amor si actúa con necedad.

Amar es orientarse hacia su esposa como su más alta prioridad. No existe persona más importante en el mundo que ella. El hombre amoroso y sabio, entiende que su esposa constantemente fallará y que así como él espera comprensión y ayuda cuando se equivoca, así también ofrecerá su comprensión y ayuda a la esposa que falla.
Amar es enfocarse en la esposa, es saber perdonar y restaurar la comunión cuando se experimentan los conflictos y roces propios de una relación entre seres pecadores. No puede existir amor sin perdón, el marido amoroso, controlando sus emociones con buenas convicciones, utilizará esta virtud constantemente, para mantener saludable su relación conyugal.

El hombre que conoce y ama a su esposa y actúa con sabiduría, acepta las diferencias, y las emociones de su cónyuge como genuinas, atiende con diligencia su necesidad y corrige con amor si ella actúa con necedad. El hombre líder, al descubrir los errores de su esposa piensa bien, para no actuar mal y sabe que debe corregir bien las malas actuaciones de su cónyuge, pues sus errores en la corrección y confrontación agravarán la situación.

CAPÍTULO SEXTO

• • • • • • • •

"La gran mayoría de las mujeres no tienen la intención de crear conflictos en su vida matrimonial.
Ellas son seres humanos falibles que debido a su falta de conocimiento cometen errores que deben ser confrontados con sabiduría y perdonados con amor. Debido a que ellas fueron creadas para amar y ser amadas, no solo necesitan un hombre a quien amar, sino un hombre que las ame y las sepa cuidar".

6
Una carta de amor para quien juró amor

En este capítulo intento hablar por las mujeres que amo y que he dedicado parte de mi vida a estudiar para poder comprender y a quienes aun no he llegado a conocer. Las conozco bastante, más que muchos hombres, pero no totalmente.

Amo a mi esposa, pero no actúo siempre como un esposo comprensivo y cometo errores constantemente. Estoy convencido que los hombres que leen mi libro se casaron para amar y no para producir heridas y dolor, aunque, por ignorancia o rebelión, en este momento, sus acciones produzcan un sufrimiento que nunca planificaron.

El matrimonio es hermoso, pero difícil. No es sencillo ni fácil conseguir un matrimonio saludable. La verdad es que somos seres humanos sujetos a cambios e inclinados no solo a diluir nuestros compromisos, sino además, dados a caer en la rutina y olvidarnos del romanticismo y las emociones vibrantes que caracterizaron el inicio de nuestra relación.

Todos cambiamos y la relación matrimonial, por ser dinámica, continúa en permanente modificación.
Cambiamos nuestra voz, apariencia, forma de comunicarnos y aun la forma de relacionarnos. Lamentablemente, hay cambios que son negativos y destructivos tal como jocosamente lo ilustra en el siguiente relato que alguien tituló: *las siete etapas del resfrío en el matrimonio.*

El primer año, cuando el marido se da cuenta de cuán enferma está su esposita, responde con excelencia y prudencia a las necesidades de quien ha elegido amar diciendo:
Corazoncito azucarado: Me preocupa mucho la salud de mi cucharita de miel. Tienes un catarro muy malo y estoy sumamente preocupado. He pensado en cómo ayudarte de la mejor manera y he decidido que voy a llevarte al hospital para que te hagan un examen médico general, y también, para que descanses.

Sé que la comida en el hospital es terrible, así que yo mismo te llevaré la comida de tu restaurante favorito. Tú solo debes obedecer, que tu maridito lo tiene todo sabiamente arreglado. Lo he hecho por ti mi gran corazoncito. Así respondió el marido frente al resfrío de su amor, en el primer año del matrimonio.

En el segundo año y con los síntomas de un resfrío similar existió una pequeña variación. De esta forma el marido demostró su genuina preocupación: Escucha, corazón. No me gusta cómo suena esa tos. Realmente me tienes preocupado, yo no sé mucho sobre lo que tengo que hacer. Por eso he llamado al Dr. Pérez para que venga a examinarte. Así que, hazme caso, sé una nena buena, métete en la cama, y descansa. ¡Gran corazón, hazlo por mí!

El tercer año existe otra variación en la respuesta a la misma situación: Tal vez deberías acostarte, querida. No hay nada mejor como un buen descanso cuando uno se siente como un perro. Si quieres te traigo algo de comer. No me tomará mucho tiempo abrir tarros para darte una sopa enlatada. Después de todo, calentando en el microondas y utilizando platos desechables no existe tanta complicación.

Note el cambio que ocurre en el cuarto año: Te he estado observando mujer. Te ruego que no pienses solo en ti, sé sensible y piensa también en nosotros. Después de que acabes de dar de comer a los hijos y laves los platos, creo que lo mejor que puedes hacer, es buscar las medicinas que has tomado en el pasado y que te metas en la cama para que estés bien abrigada.

El quinto año muestra muchos cambios en la respuesta a la misma situación: Vamos mujer porfiada, ¿por qué no haces algo respecto a esa terrible tos que tienes? Estas sonando como bajo desafinado y ya nos tienes contagiados a todos. Por qué no me haces el favor de tomar un par de aspirinas o cualquier remedio pues tu tos ya me está enfadando.

El sexto año, la respuesta es la siguiente: Ya pues mujer, es hora de pensar. Debes hacer gárgaras o tomar algún jarabe en lugar de estar sentada sin hacer nada y tosiendo en todo lado y dejando todo infectado.

Y el séptimo año, la respuesta llega a su clímax: Por todos los truenos del mundo, ¡deja ya de estornudar! ¿Qué es lo que te propones? ¿Que me dé una pulmonía? Ya estoy harto de oírte toser como foca emocionada, y sonarte la nariz como trompeta mal tocada. Podrías preocuparte de por lo menos cuidarte y aislarte para no contagiarnos a nosotros.

Aunque es una historia exagerada, sin duda usted estará de acuerdo conmigo que todos cambiamos y que con el paso del tiempo dejamos de atender con ternura y diligencia a la esposa que creíamos haber elegido con tanta sabiduría y prudencia.

En este ultimo Capítulo quisiera ser un intermediario entre la esposa que dice amar y usted, quien en realidad puede amar. Recuerde que el amor es más que un sentimiento e incluye ese compromiso que realizó y mediante el cual se comprometió a hacer el bien, cuidar y proteger a quien eligió como esposa. En este libro, he tratado de presentarle de la manera más sencilla y profunda a la mujer. Es cierto, no son todas iguales, pero tienen muchas cosas en común que al ser estudiadas y comprendidas, influencian la forma como actuamos.

Ahora quiero hablar por ella pues con el conocimiento que he adquirido creo que puedo motivarle a amar a la mujer como ella lo necesita. Quiero hablar honesta y tiernamente representando a la mujer pues la conozco mejor de lo que muchas de ellas se conocen.

He querido ser la voz de las mujeres que en muchas ocasiones se han preparado para decirles algo con enojo o a veces quisieron compartir sus sentimientos más profundos, pero no pudieron hablar. Esto no solo lo sé porque ellas me lo cuentan, sino por la honesta revelación de mi esposa. Ella en algunas ocasiones se paró frente al espejo para practicar las palabras, expresiones y ademanes que utilizaría para comunicarme el dolor y la frustración que sentía por lo inadecuado de nuestra relación, pero cada vez que yo llegaba a casa volvía a sentir el temor de hacerlo y su necesaria confrontación nunca la realizaba. Ella quedaba desarmada cuando se encontraba frente a mí.

Una carta de amor para quien juró amor

Después de toda su práctica, una vez más lo evitaba, a veces por prudencia y no cargarme con más conflictos, a veces por temor a que reaccionara sin sabiduría y su confrontación creara más conflictos.

Quiero que las mujeres que lean este libro en distintos países, aprendan a comunicar sus sentimientos con libertad y ellas mismas se conozcan mejor. Deseo que también hagan conocer su verdad sin temor, con sabiduría, en forma honesta, pero con tacto. Anhelo que se sientan representadas porque éstas son las cosas que ellas sienten y no pueden comunicar, no quieren revelar o no saben como expresar.

Quiero que ustedes, mis compañeros de batalla, hombres que fallan por ignorancia, dejen de lado algunas herramientas que yo conozco muy bien y he sido un experto en utilizarlas y me he convencido que no sirven para el propósito que tenemos. Anhelo que como líder de su hogar, hombre cariñoso y prudente, deje de lado su orgullo. Debemos luchar en contra de esta tendencia a creer que sabemos más que las mujeres y que nos mueve a rechazar sus opiniones o ignorar sus sugerencias. Deseo animarle a abandonar la racionalización, esa tendencia a encontrar razones para justificar nuestros errores en lugar de admitirlos, pedir perdón y corregirlos.

Por medio de este libro intento ayudarle a entender cosas que me costaron estudio y dedicación. Decidí comprender a mi esposa y aprender a hacer lo que era correcto para ella, no según sus ideas y caprichos, sino lo que es bueno de acuerdo a la Palabra inerrante de Dios. Esa es mi búsqueda, aunque no siempre soy todo lo comprensivo que quisiera.

Después de años de estudio y de haber examinado minuciosamente las actitudes y acciones de las mujeres, entrego consejos que le ayudarán a cumplir su responsabilidad, no como la concibe su esposa, sino como la diseña Dios.

No quiero que usted viva tratando de cumplir lo que ella quiere, se volvería loco si lo intenta. Ni deseo motivarlo a que haga todo lo que a ella le gustaría, nuestras esposas y todas las mujeres son seres humanos muy difíciles de complacer y no siempre esperan lo que deberían. Ellas también son pecadoras, interesadas en satisfacer sus gustos de manera egoísta. Tienen orgullo, actúan en forma ambiciosa, en ocasiones quieren que cumplamos su deseo, sin pensar si es bíblico, justo y sabio. Las mujeres no son perfectas, no siempre quieren lo que deben, ni siempre actúan como Dios les manda.

Sin embargo, en mi investigación de la Palabra de Dios y observando nuestros errores y los de ellas, y las necesidades de ambos, he llegado a algunas conclusiones con respecto a lo que si debemos hacer y cual es nuestra responsabilidad de acuerdo a como Dios la diseñó. La verdad es que con el paso del tiempo, al estar casado por más de tres décadas, por haber estudiado profundamente el mundo de la mujer, conocer a mi propia esposa, además, de haber aconsejado a cientos de mujeres y recibir miles de sus cartas, creo que si puedo tener la osadía de decir que conozco más a su esposa que muchos de ustedes.

Súplicas sinceras del corazón de una mujer
Entre mis técnicas de asesoramiento, practico una que se llama la amplificación. La utilizo cuando los cónyuges no saben escucharse, cuando uno o ambos, en vez de tratar de entender lo que comunica su cónyuge, mientras este habla, en su mente está tramando su contra estrategia para destruir el argumento presentado. Mediante esta técnica comunico a los cónyuges lo que su pareja realmente quiere decir, aunque para hacerlo utilizo palabras inadecuadas, una actitud inapropiada y por ello su mensaje es rechazado.

Primero pido que ella me cuente su historia de dolor. La examino, tomo notas y luego le pido dos cosas. Le digo que le relataré su propia historia, pero con las palabras adecuadas y la actitud apropiada. Ella debe eliminar o agregar a mi relato lo que crea que no he interpretado bien.
Entonces le relato su propia historia. Una vez que ella está de acuerdo con que he interpretado bien su dolor, molestia, amargura, resentimiento, enojo o cualquier sentimiento que haya querido comunicar. Entonces, tratando de expresar con emoción, en forma honesta, con las mejores palabras del mundo y con la actitud más positiva, relato al hombre la historia de dolor de su esposa.

Es sorprendente la respuesta de todas las personas. Luego hago lo mismo con el marido. Escucho su historia, sigo el mismo proceso y relato a su cónyuge de la misma forma que lo hice anteriormente. Generalmente responden muy bien. Ambos se sienten comprendidos y entienden el mensaje entregado. Habitualmente responden con una actitud positiva de comprensión. Pero necesitaron de un consejero que comunicara con sabiduría sus más profundas emociones. Eso es lo que intentaré hacer en este capítulo. Relataré de la manera mas acertada lo que anhela la mujer que el hombre entienda.

Queridas mujeres, permítanme tomar su digno lugar y expresar sus sentimientos tal como los he comprendido hasta este momento. Queridos varones, permítanme entrar en sus corazones y dejar la más fructífera semilla de comprensión de la mujer que usted ha decidido amar.

Recuerda que soy mujer
Querido esposo, aunque parezca obvio y todo hombre debiera entenderlo, quiero comunicarte que sea que yo lo entienda o no, sea que tú lo entiendas o no, Dios me hizo mujer y tal como has leído en este libro, somos totalmente diferentes. Dios con mucha sabiduría me creó tal como soy.

Él no solo me conoce, sino que me conoció antes que fuera formada en el vientre de mi madre. (Salmo 139).

Completamente diferentes

En Génesis 1:27 la Biblia relata que Dios creó al varón y a la hembra, no dos hombres ni dos mujeres. Dios nos hizo distintos en forma integral. Cuando no entendemos estas diferencias, a pesar de nuestras buenas intenciones, podemos provocar muchas heridas.

Por actuar en ignorancia, a pesar de nuestro buen deseo podemos provocar destrucción. Imagínate que con la mejor de las intenciones decidimos construir un avión y por no tener el conocimiento adecuado, sin quererlo, violamos las leyes de la aerodinámica. El conocimiento que teníamos nos alcanzó solo para creer que era necesario un motor y un ala, en un solo lado del avión. Ese avión nunca logrará despegar y aunque insistamos y nos enojemos, terminaremos decepcionados y mal gastaremos esfuerzos por actuar en ignorancia, a pesar de nuestra determinación y constancia.

Somos sabios, si nos damos cuenta que no estamos haciendo lo correcto ni logrando nuestro objetivo y buscamos la ayuda necesaria para que nuestra ignorancia y errores sean corregidos. Lo mismo ocurre en nuestra relación conyugal. Aunque actuemos con constancia, dedicación, responsabilidad y paciencia, por no entender que fuimos creados diferentes y tenemos distintas necesidades, sufriremos dolorosas consecuencias.

Debemos entender que la relación del hombre con el espacio, de las embarcaciones con el mar, de los padres con los hijos, del hombre con la mujer, y toda otra relación para que sean saludables demandan que se cumplan determinadas leyes. También nuestra relación está regida por leyes divinas que no deben ser ignoradas y cada vez que las rechazamos, preparamos el momento para experimentar el doloroso sufrimiento.

No puedo actuar como hombre

Querido esposo, Dios me creó mujer y no puedo pensar como hombre, ni actuar como tú, no alcanzo a reaccionar tan prácticamente como lo haces, no puedo evitar mi mundo emocional, ni puedo ver la vida como tú la ves. Querido esposo, yo soy mujer por fuera y por dentro. Soy mujer en mi cuerpo, en mi mente y en mis emociones.

Es cierto que a veces mis reacciones emocionales te confunden y te molestan, pero debes entender que no puedo evitar sentir lo que experimento. Dios me hizo con esta extraordinaria necesidad de estar pendiente de las necesidades de los que me rodean y sentirme parte del mundo de situaciones que viven los que amo. Mi preocupación por el mundo de los hijos y tu propio mundo no se debe a que quiero vivir metida en la vida de ustedes, mi actitud se debe a que los amo y las mujeres estamos más interesadas en las relaciones interpersonales profundas.

Anhelamos cercanía y una relación romántica día a día, por ello sufro cuando te alejas y quisiera pasar más tiempo contigo. Yo no puedo pasar por alto determinadas cosas, no puedo olvidar rápidamente algunas situaciones como tú lo haces, porque soy mujer y no puedo actuar como hombre.

Percepción muy distinta

Como mujer tengo una percepción distinta de la vida e intereses personales que son muy diferentes a los tuyos. Yo percibo la vida como una aventura que debo vivir y tú como una tarea que debes cumplir. Mi mayor interés en la vida no es el avance de una profesión, aunque también es muy importante, sino el desarrollo de nuestra relación pues eso me parece mucho más emocionante. Dios me hizo para que mientras viajamos por este mundo yo esté interesada en los detalles y me preocupo de ellos sin importar cuanto demoro, mientras tú te afanas por llegar rápido a la meta y no demorar pensando en tantos detalles.

Dios me hizo para que me interesen más los detalles que las conquistas y que vaya a los centros comerciales de aventura, a disfrutar y también en algunas ocasiones a comprar, mientras tú deseas ir de cacería, vas directamente a comprar y punto, mas por necesidad que con la intención de disfrutar. Me encanta comprar, pero más anhelo disfrutar esta actividad contigo si con amor me acompañas. Me encantaría que no vivamos en forma independiente, cada uno tratando de satisfacer sus necesidades y gustos en forma separada. Quiero aprender a disfrutar ciertas cosas que tú gozas por ser hombre y que yo debo disfrutar por el solo hecho de estar con mi hombre y quiero que tú aprendas a regocijarte de ciertas cosas que yo disfruto como mujer, por el solo hecho que te deleitas en mí como tu única mujer.

Quiero que comprendas que aunque siempre tengo opiniones, sé que no siempre estoy acertada, pero tampoco significa que siempre estoy equivocada. Aunque a veces falle en mis predicciones, hay ocasiones que acierto pues Dios me dio una facultad increíble de advertir y presentir los peligros. Tengo un sentido de percepción que me motiva a ver riesgos con anticipación. No siempre que te adviertо que tengas cuidado en tus relaciones con otras mujeres estoy acertada, pero en algunas ocasiones tú sabes que he estado en lo correcto.

Te ruego que tengas cuidado y que creas que mis advertencias no tienen la intención de amargarte o dirigir toda tu vida, solamente de que actúes con prudencia, evites los pecados y vivas una vida de excelencia.

Diferentes realidades

Dios permite que nosotras las mujeres vivamos realidades que ningún hombre puede experimentar, pero si decides ser un hombre sabio y amoroso, podrás brindar compresión y apoyo. Tú nunca experimentarás el embarazo, el parto, la lactancia, mis periodos menstruales ni la menopausia, pero si espero que este libro te haya quitado cierta ignorancia y hayas determinado ayudarme para que ambos experimentemos una relación marcada por la comprensión y la excelencia. Querido esposo, recuerda que soy mujer, no sólo por fuera, tú esperas que reaccione conforme al hombre que crees que llevo dentro. Mi cuerpo, mente, emociones, sentimientos, todo mi ser es parte de la vida de una esposa que desea ser amada, apoyada, corregida y comprendida.

Mis necesidades de mujer demandan una atención especial y debido a que tú no las experimentas sé que es muy difícil que comprendas la gran cantidad de cambios emocionales que producen estas situaciones especiales. Cuando paso por estas etapas soy más sensible que nunca, mis emociones están confundidas, me siento más débil y por lo tanto, necesito más comprensión que nunca. Te ruego que me apoyes cuando estoy débil espiritual, emocional o físicamente, no me dejes sola tratando de cumplir todas las obligaciones cuando tengo menos fuerza y están tan alteradas mis emociones.

Tengo necesidades iguales

Querido esposo, aunque acabo de explicarte que soy totalmente diferente eso no significa que no tengamos algunas necesidades similares.

Igual que tú, yo tengo necesidad de amar y tener intimidad con Dios, sea que tú lo ames o no. Tengo el derecho y quiero tener mi espacio para amar a Dios y servirle con alegría. Quiero utilizar mis dones y talentos para servirle con responsabilidad e involucrarme en la vida congregacional con sabiduría y diligencia.

Sé que no debo despreocuparme de cumplir mis responsabilidades contigo, mis hijos, y mi hogar, pero tampoco significa que por realizar mis tareas de familia ignore al Dios que amo y me enseña a vivir sabiamente con las personas que amo integralmente.

Como tú, tengo necesidad de amarme como Dios quiere que lo haga. Es cierto que me inclino a exagerar y convertirme en egoísta o egocéntrica, pero ayúdame sabiamente a enfocarme para no despreocuparme de mí. La tendencia será a dar tanto que desatienda mi necesidad de descanso, diversión, desarrollo físico, intelectual y espiritual, ayúdame a ser una administradora sabia de mi vida y a suplir con prudencia las necesidades para poder vivir saludablemente.

Amado esposo, así como tú tengo una gran necesidad de amar y ser amada. Esta es una necesidad esencial de todo ser humano. Quiero aprender a amarte tal como eres, a pesar de las diferencias. Sé honesto y exhórtame con sabiduría cuando no esté dando evidencias prácticas de mi amor, pero para mantener la relación equilibrada, no te olvides que también anhelo de todo corazón ser amada.

No te olvides de ser romántico, de los detalles que me hacen feliz, no ignores compartir conmigo las pesadas cargas de la maternidad pues cuando te mantienes como un progenitor distante, no solo perjudicas a los niños, sino que también me hace sentir que perdí a mi deseado amante.

Quiero que entiendas que en nuestra sexualidad, Dios no nos hizo diferentes para que veamos nuestro acercamiento e intimidad como demasiado complicado y prácticamente imposible, sino para que tengamos el desafío de investigar y descubrir los tesoros maravillosos que están ocultos en el corazón de la persona que amamos.

Te ruego que no me veas como un objeto sexual que necesitas para satisfacerte, sino como la amada que necesita tu ternura, comprensión y preparación para que ambos experimentemos una hermosa satisfacción.

Sugerencias generales para practicar la comprensión

Hemos llegado al final de un hermoso viaje que nos ha permitido conocer más profundamente a la mujer que deseamos amar sabiamente. Hemos arribado al momento de hacer práctica nuestra comprensión. Hacerlo implica no solo pensar lo ideal con respecto a la esposa que Dios nos dio, sino realizar lo correcto de acuerdo a las indicaciones de nuestro Creador.

Realice una reunión de comprensión

No le estoy sugiriendo que se reúna para exhortar o discutir, esta es una reunión donde usted va a demostrar con palabras, actitudes y acciones que existe un profundo cambio en la comprensión del mundo de su esposa. No es que lo capte todo, pero lo que comenzó a asimilar sobre el mundo de ella le ha motivado a iniciar ese proceso para hacer práctico su entendimiento.

No intente que su cónyuge cambie, determine hacer los ajustes aunque ella no cambie. Estoy convencido que las parejas que experimentan lejanía y no sienten el deseo de acercarse por creer que es imposible sanar la relación, tendrán serias dificultades para seguir estas instrucciones. El problema es que generalmente somos motivados a actuar pensando en la reacción que podría tener nuestro cónyuge.

Si creemos que seremos despreciados o que después de pasar por un proceso de acercamiento, nuestro cónyuge no cambiará, aceptamos que es una perdida de tiempo pasar por ese proceso. Pero ese es un error que no debemos cometer. Su intención debe ser hacer lo correcto, aunque ella haga lo incorrecto. No es el momento de analizar sus acciones o sus reacciones, sino la ocasión de cumplir con nuestras obligaciones. Es la oportunidad de hacer lo que debemos independientemente de los resultados que obtengamos.

No se ponga expectativas erróneas

No quiero que sufra decepción, por ello quiero que entienda bien cual debe ser su intención. Esta reunión de comprensión que sugiero no es un encuentro de confrontación de las fallas de nuestro cónyuge, sino una admisión de las nuestras, motivado por las siguientes razones:

• Primero, porque amamos a Dios y queremos vivir en obediencia a pesar de que otros no obedezcan. Debemos ser motivados por nuestro sincero amor a Dios y por ello queremos ajustar nuestra vida a sus principios y valores. Por amar a Dios, aunque nos cueste, no nos debe doler la obediencia y no debemos esperar nada a cambio.

• Segundo, realizamos esta reunión de comprensión porque somos honestos y debemos admitir que hemos fallado por ignorancia o por rebelión. Entendemos que nunca tendremos paz si no hacemos lo correcto y es fundamental demostrar esta nueva comprensión a nuestro cónyuge.

• Tercero, queremos tener paz en nuestro corazón y ésta proviene de hacer lo que debemos aunque nuestra esposa no lo haga. La paz que tanto anhelamos no la obtenemos cuando nuestra esposa nos trata bien, nos apoya y cuanto satisface nuestras emociones, sino cuán bien la tratamos nosotros y cómo respondemos basados en nuestras convicciones. La paz y la alegría no dependen del bien que me hace la gente, sino del bien que hago a pesar del mal que intente hacer la gente.

Recuerde que no podemos cambiar sin realizar ajustes, por lo tanto, es imprescindible que dejemos de llevar nuestra relación de la forma que la hemos desarrollado y determinemos hacer cambios en nuestro acercamiento, aunque nuestro cónyuge nos rechace en este momento. Para comenzar a practicar nuestra comprensión debemos tener un sabio plan de acción. He aquí algunas sugerencias:

No debemos intentar que nuestro cónyuge cambie para así nosotros hacer lo que debemos. Debemos determinar cambiar nosotros y hacer lo que debemos aunque ella no cambie, pues la paz y la realización no proceden de cuán bien se comportan los demás con nosotros, sino de cuán bien actuamos nosotros delante de Dios y los demás.

Si su matrimonio está en conflicto y su cónyuge no quiere buscar la restauración, usted solo no puede reparar su relación conyugal pues la unión matrimonial depende de dos personas. Pero usted puede renovar su vida sabiamente si decide aprender como ser un buen marido y a vivir obedientemente.

Prepare la reunión de comprensión

Es una buena idea que, si tienen la capacidad económica se tomen unos días de vacaciones, o se retiren como pareja un fin de semana a un hotel, vayan a algún lugar donde puedan estar solos, o encarguen a sus hijos en la casa de un familiar, para que puedan conversar y disfrutar.

Para algunas parejas esto será más fácil que para otras, pero es indispensable tomar acciones concretas pues es imposible cambiar su situación sin una buena evaluación, y con una hermosa actitud de comprensión. Si el ambiente es muy hostil, solicite a su esposa una conversación a solas por un par de horas, con el propósito de ser escuchado.

Exprese con humildad, respeto y palabras tiernas que su intención no es primero restaurar la relación conyugal porque eso no depende solo de usted, sino que está dando los pasos para renovar su vida personal para poder vivir en obediencia y con excelencia.

Llegue a la reunión bien preparado

Después de leer este libro, haga una lista de las cosas que no entendía y que aprendió a través de sus páginas. Lleve sus notas sobre lo que asimiló referente a su cónyuge, además la lista de los errores cometidos, y cosas que sabía que tenía que hacer, pero que por enojo, resentimiento o rebeldía no estuvo dispuesto a cumplir. No es el momento de hacer una lista de los errores cometidos por su cónyuge, porque no es una cita cuyo fin es la acusación o discusión, sino la admisión y comprensión. Prepárese para sentirse escuchado o ignorado, para ser aceptado o rechazado.

Actuamos con sabiduría cuando evitamos vivir escudándonos en las fallas de otros y aceptamos vivir admitiendo nuestras fallas.

Dispóngase a responder bien, aunque le contesten mal, para ser el único actor y agradar al Señor que ama. Esté listo a obedecer, aunque no entienda, a manejar su ira aunque sea difícil, a humillarse aunque le presione su orgullo, a realizar lo que Dios manda aunque sea muy difícil.

Informe que no discutirá ni peleará

Es importante informar a su esposa que en esta reunión abrirá su corazón y no actuará con agresión. Recuerde que esta es una entrevista cuya intención es mejorar la comprensión y no realizar acusaciones justas o injustas contra ella. Determine que hablará honestamente, con mucho tacto y respeto, obedeciendo el consejo del apóstol Pablo quien dijo: *"Nada hagáis por contienda o vanagloria; antes bien con humildad, estimando cada uno a los demás como superiores a él mismo".*

Ser humilde significa tener una clara perspectiva de uno mismo reconociendo sus debilidades. Pablo también nos entrega otro importante consejo para tener una conversación sabia cuando dice: *"Ninguna palabra corrompida salga de vuestra boca, sino la que sea buena para la necesaria la edificación, a fin de dar gracia a los oyentes".*
En ocasiones herimos a las personas que nos escuchan y no alcanzamos el objetivo de comunicarnos bien, y además, ofendemos al Espíritu Santo que es el oyente silencioso de nuestras conversaciones, por esta razón, Pablo dice que no debemos utilizar palabras groseras, hirientes, vulgares, sin sentido, torpes e impropias.

Para no ofender a Dios, para que quienes nos escuchan sean edificados y para nuestra propia paz y satisfacción, cuando tenemos una discusión, no debemos utilizar un lenguaje que produzca heridas, dolor y confusión.

Siga el proceso bíblico con humildad

La Biblia no sugiere, sino que demanda nuestro arrepentimiento. La orden divina es que debemos arrepentirnos y actuar de acuerdo a nuestras convicciones bíblicas a pesar de nuestras emociones humanas. El arrepentimiento no es la sola confesión de una falta, para que sea bíblica existen una serie de pasos que debemos cumplir con una buena actitud:

Identifique puntualmente sus errores

Para arrepentirse debe identificar claramente los pecados y errores que ha cometido. El leer este libro le mostró a su esposa de una forma que no la había visto antes y se dio cuenta cuáles fueron sus errores. Explique a su cónyuge los detalles de lo que escribió en su lista, lo que aprendió punto por punto e identifique con toda claridad las cosas que no comprendía. Al final de cada aclaración, reconozca los errores cometidos y el deseo de modificar su conducta.

Tenga dolor como producto de su empatía

El arrepentimiento genuino incluye dolor por el sufrimiento causado. Esto no es fácil para nosotros. Los hombres preferimos a esconder lo que sentimos y no mostrar el dolor que producen nuestros pecados, aunque nos estemos sintiendo muy mal. Piense que a pesar de sus buenas intenciones, ha cometido graves equivocaciones por no conocer a su esposa lo suficiente. Sea consciente de sus pecados, y como sus errores involuntarios han producido dolor en el ser amado. Piense que realmente la ama y debe doler haber hecho daño a esta persona especial. Reflexione que ella es más sensible y vulnerable que usted, y ha sufrido el dolor de sentirse incomprendida. Tenga empatía, póngase en el lugar de su cónyuge. Medite en cuánto dolor o preocupación ha existido en el corazón de la persona que usted dice amar.

Que esta no sea otra conversación más, sino debido a que ha tenido que pensar en ella, demuestra sus sentimientos abiertamente, con dolor por las heridas provocadas; haga notar no sólo con palabras, sino con acciones, su deseo de arreglar los conflictos que existen en la relación conyugal. Para pasar por este proceso de arrepentimiento debe mostrarse vulnerable, expresar y sentir dolor por las fallas cometidas y por el amor que tiene por la persona que ofendió.

Confiese sin justificación

Después de haber identificado claramente su pecado, de haber sentido y demostrado el dolor por las fallas cometidas, debe dar paso a la confesión sin excusas. Manifieste sus pecados sin encontrar más razones que su ignorancia y rebelión. Esa ha sido la verdad. Hay pecados que cometió porque decidió responder así, sabía lo que debía hacer, pero no lo hizo, y hay fallas y pecados que consumó porque no entendía que estaba cometiendo un error. Sin embargo, debido a que somos culpables, debemos arrepentirnos.

Esta confesión debe ser bíblica en su práctica. Dios demanda que no debe ser de labios o mecánica, sino sentida y de corazón. Puede que su esposa no esté dispuesta a otorgar el perdón, debido a las heridas de tantos años, y esté completamente cerrada a volver a perdonar, pero este acto de confesión debe ser realizado independiente de ser perdonado o no. Cuando usted se arrepiente y busca genuinamente el perdón, usted está actuando en obediencia al Dios que ha prometido bendecir a quien busca el perdón independientemente de lo que hagan otros y de su reacción.

> *La confesión que Dios demanda no debe ser de labios o mecánica, sino sentida y de corazón.*

Pida perdón con sinceridad

Entiendo que su esposa no es perfecta y seguramente ella tiene menos o más culpa que usted. Comprendo que tal vez ella reaccione mal y le falle al Señor al negarse a hacer lo que debe, pero ese no es su problema. Ese es el obstáculo que ella tendrá delante de Dios. Él tratara con la rebelión de ella y si usted se humilla Dios bendecirá su actitud. Para pedir perdón, mire a los ojos a su esposa. Si ella lo permite, tome sus manos, abrácela y acaríciela. Tome un momento serio y emocional para pedir perdón por los errores cometidos, uno a uno. Si aún no ha entendido los conceptos explicados anteriormente, ni está dispuesto a aplicarlo, demore este paso. Si todavía no siente dolor genuino, o empatía con el sufrimiento de su esposa, y existen justificaciones; cuando hable con ella va a salir su falta de sinceridad.

Tal vez necesite leer de nuevo las secciones del libro que le pedí que subrayara y están relacionadas con su ignorancia o los errores cometidos. Deberá volver a orar a Dios para que le ayude a responder como hijo obediente. Tendrá que estudiar más sobre como actúa Dios con nosotros e imitar su comportamiento. Seguramente deberá volver a leer todos los pasos de preparación para esta cita de comprensión e identificar sinceramente si está dispuesto a obedecerlos.

No haga promesas de cambio, comience a cambiar

Es posible que la primera reacción de su esposa sea negarse a aceptar sus declaraciones pues ha prometido cambios en otras ocasiones, pero su meta al confesar no es prometer transformaciones, sino comenzar a orar. Debe tener el compromiso y esforzarse por hacer los ajustes que son esenciales, no por ella, ni por la situación que vive, sino por el sincero deseo de tener paz en su corazón y porque sabe que este es el resultado de que usted actúe como Dios demanda.

Cuando usted pide perdón a Dios, Él le asegura que si confesamos nuestras ofensas, es fiel y justo para perdonarnos de toda maldad. Viva el perdón divino. Créalo y acéptelo. Deseche la culpabilidad y comience a vivir en libertad. Para usted puede ser difícil perdonarse, pero debe creer que cuando ha sido perdonado por Dios, la acusación que sigue experimentando no proviene del Espíritu de Dios sino de su propia falta de aceptar el perdón. Si la culpabilidad continúa después de pasar por este proceso, puede ser Satanás, quien es descrito en la Biblia como el acusador de los hermanos. Él no quiere que usted viva y disfrute de la libertad que resulta de la admisión, confesión y arrepentimiento de nuestras faltas. Él quiere mantenerlo en la esclavitud para que vuelva a enfocarse en las reacciones erróneas de su cónyuge, en la culpa que experimenta y para que permanezcan en su relación destructiva.

Por ello, como un acto de obediencia al Dios que nos conoce y sabe lo que debemos hacer, independientemente si le otorgan o no el perdón, debe pedirlo y cuando lo haga, usted no sólo comenzará a sanar sus emociones y habrá dado el primer paso en el proceso de restauración de la vida, y debido a que su conducta tiene que seguir cambiando, afectará en forma positiva a su cónyuge. El bien que usted haga, pese a que su esposa determine reaccionar mal, es un acto de obediencia que Dios observa con mucho cuidado. Él está esperando bendecir a sus hijos obedientes y se deleita en su actitud. Él puede hacer milagros que nosotros no nos imaginamos, cuando obedecemos.

Después de pasar por este proceso de arrepentimiento crea lo que dice la Biblia, usted es perdonado, viva como tal. Recuerde la orden de nuestro Señor a la mujer que se arrepintió y perdonó con tanto amor. Vete y no peques más, no es una sugerencia, sino una orden que cuando su cumple, a pesar de cómo actúen las otras personas, y debido a nuestra obediencia podremos vivir una vida de paz y excelencia.

Cuando pida perdón, es posible que la primera reacción de su esposa sea negarse a aceptar sus declaraciones pues ha prometido cambios en otras ocasiones, pero su meta al confesar no es que le crean, ni prometer cambiar, sino comenzar inmediatamente a actuar.

Implemente los cambios con consistencia

Recuerde que en todo este proceso le estoy guiando a realizar modificaciones personales. Mi meta es que usted cambie pues así disfrutará de la paz que tanto anhela.
Así como su esposa puede estar decepcionada porque usted ha prometido cambios y lo ha hecho por un tiempo y luego ha vuelto a caer en los mismos errores, así también puede suceder cuando haga modificaciones necesarias, y ella no responda de la forma que debería. Muchas veces ellas de-

mandan cambio, se resienten, se enojan, pero no siempre son capaces de ver su necesidad de transformación y cuando piden perdón, prometen cambiar, e igual que nosotros, con el paso del tiempo vuelven a caer en los mismos errores. Recuerde que somos seres humanos pecadores y nunca podremos modificar todo lo que deseamos y jamás podremos suplir las necesidades de nuestro cónyuge ni vivir conforme ellas quieren. Pero, de todas maneras es sabio determinar realizar cambios.

Cambie lo negativo por lo positivo

Para cambiar debe identificar bien los errores cometidos y preparar su mente para la renovación. Cada vez que intente cometer el mismo error piense en su estrategia de cambio y tenga una acción diferente de la rutinaria.

Por ejemplo, si usted acostumbraba a no poner atención a su esposa cuando ella hablaba pues creía que eran trivialidades o conversaciones no interesantes, entonces, cuando comience a notar que no le interesa la conversación, en vez de mirar a otro lado o estar esperando que termine de decir lo que está diciendo y quedarse callado, decida mirar a los ojos, poner atención, e incluso, realizar alguna pregunta o afirmación con respecto al tema de la conversación. Usted cambió su reacción negativa por una acción positiva. Al inicio será fingido, pero poco a poco se hará parte de su vida.

Determine practicar lo aprendido y seguir estudiando

Al leer este libro usted ha aprendido algo nuevo acerca de su esposa y debe comenzar a practicarlo. No puede cambiar si continúa haciendo lo mismo. Ejercite lo aprendido y no deje de estudiar. Si queremos tener éxito en el mundo de las relaciones humanas cambiantes, esto demanda un aprendizaje permanente.

Recuerde que muchos de los problemas que han vivido son producto de cuanto ha ignorado. Usted necesita aprender cómo amarse a sí mismo, mejorar su carácter, relacionarse con su esposa y amar a su familia.

Invierta el dinero que sea necesario para educarse como padre, esposo y hombre. Ponga como algo prioritario la adquisición de nuevos conocimientos y determine, con sabiduría, aprender para practicar. No caiga en la trampa de buscar la educación como un fin, sino como un medio para alcanzar un fin.

Decida dar honor a su esposa

El apóstol Pedro entrega un mensaje directo a los maridos. Él dice: "*Vosotros, maridos, igualmente vivid con ellas sabiamente, dando honor a la mujer como a vaso más frágil, y como a coherederas de la gracia de la vida, para que vuestras oraciones no tengan estorbo*". Él nos asegura que la relación conyugal saludable es tan importante que nuestras oraciones pueden ser estorbadas si no tratamos a nuestras esposas con la dignidad que Él les dio.

Haga todo esfuerzo por tratar a su esposa con el respeto y la dignidad que se merece, la cual ha sido asignada por Dios. Nosotros, los hombres, tenemos la tendencia a convertirnos en críticos excesivos de sus errores. A veces actuamos cruelmente y no decimos las cosas con la delicadeza que requiere una mujer. Debemos comprender que son más delicadas que nosotros; que las cosas que a nosotros no nos duelen, a ellas pueden causarles una profunda herida.

No las tratemos como hombres; comprendamos que son mujeres y son muy distintas a nosotros. Recuerde que son más delicadas, más tiernas y aprenda a tratarlas como tal. Para honrar a nuestra esposa es necesario que tengamos las acciones que les ayudan a levantar su auto estima. Mi sugerencia para evitar que ella se sienta subestimada no es una formula mágica; involucra una gran cantidad de acciones que han resultado muy útiles en mi vida familiar y cuya efectividad he notado en los testimonios de quienes han recibido mi asesoramiento.

Lo primero que sugiero es: sea empático con ella. Empatía es la participación llena de afecto y profundamente emotiva de un ser humano que se involucra en la realidad de otro. Para los varones, esta no es una tarea fácil. Tener empatía requiere el ser sensibles, utilizar también nuestras emociones en forma profunda y comprender el mundo de la mujer. Tener empatía en la relación conyugal es involucrarse con amor y respeto, sintiendo el dolor o la alegría que está experimentando su esposa. Mi llamado es a tener empatía.

Que este sea el inicio del camino que le conduzca a vivir con la más grande sensibilidad. Haga su mejor esfuerzo por ponerse en la situación de ella, comprenda los cambios que experimenta sin desearlos y las tensiones que le acosan sin buscarlas. Trate de sentir el dolor, el aislamiento o la soledad que ella experimenta, comprenda su encierro en la casa o lo pesado de su mundo laboral combinadas con las labores domesticas. Entienda que anhela desesperadamente salir de las largas horas de la vida con matices infantiles debido a su permanente trato con los hijos. Haga todo esfuerzo por evitar convertirse en investigador, abogado acusador y juez de ella. No la acuse ni la condene, esfuércese por comprenderla y apoyarla.

Comprendo que asimilar el tener empatía no es algo que ocurre súbitamente. No sólo que es difícil dejar de enfocarse en uno para hacerlo hacia la persona amada, especialmente cuando la persona amada está tan herida que lo único que vemos es enojo y resentimiento y aun notamos que ella reacciona inapropiadamente. Tal vez para buscar una solución a esa falta de comprensión, su esposa está recurriendo a los sermones, súplicas, lágrimas, a los regaños, quejas o acusaciones. Por supuesto que son armas erróneas, pero debido a la frustración por no conseguir su objetivo, siempre anda en búsqueda de nuevas estrategias. Todas están destinadas a alcanzar el corazón de su marido, aunque no siempre actúe con sabiduría.

Ella busca desesperadamente que alguien la entienda. Quien debería hacerlo es su marido, pero si desconocemos el mundo de necesidades genuinas que tiene, no estamos capacitados para ayudarla aunque tengamos las mejores intenciones. Por ello, muchas veces en su frustración ella hace todo tipo de maniobras para ser escuchada y cuando no consigue un buen resultado, recurre a herramientas equivocadas. Es paradójico, pero verdad. Ellas anhelan ser amadas y comprendidas y no siempre saben como lograrlo. Se imaginan que si su esposo hace lo que quieren, entonces se sentirán felices, pero no siempre desean lo correcto.

Así como hay maridos que creen erróneamente que si su esposa les permite tener todas las relaciones sexuales que ellos quieren, entonces, su matrimonio sería feliz, así también hay mujeres que creen equivocadamente que si los maridos son como ellas quieren, entonces serán felices. Los hombres, como las mujeres que sentimos un vacío en la relación conyugal acostumbramos a exigir que nuestra pareja lo llene de la forma que deseamos. Cuando no encontramos respuesta preferimos utilizar los mecanismos que pensamos nos ayudarán y muchas veces utilizamos herramientas inadecuadas.

Es posible que su esposa haya desarrollado estrategias equivocadas. El mismo hecho que haya preferido el uso de herramientas erróneas lo ha llevado a que se retire negativamente, en lugar de responder positivamente. La buena intención de la esposa y el uso de instrumentos inadecuados tuvo un efecto contraproducente, porque en lugar de captar la atención de su marido, le está empujando a alejarse más.

Un marido comprensivo asimilará que ella hace lo que sabe y usa las herramientas que tiene a su alcance, aunque su mensaje es bueno y tal vez hasta la necesidad sea genuina, el método que utiliza para obtener lo que desea es equivocado. Si usted posee empatía y comprende que su esposa tiene necesidad de sentirse apreciada y se coloca en el lugar de ella, tratará de descubrir cuál es el mensaje que le está entregando al sentirse molesta, al apartarse, enojarse o gritarle cuando por ejemplo, ha dedicado demasiado tiempo al trabajo. Usted sabe que lo único que quería hacer era suplir con responsabilidad las necesidades de su familia y trabajó duro para darle las cosas que ella quería, pero no olvide que como ella, a pesar de que usted tuvo buena intención, el resultado fue la constante separación y eso hizo que se sintiera abandonada.

La empatía nos lleva a comprender que las labores de una ama de casa son excesivamente pesadas. Mucho más si no sólo es ama de casa, sino madre de familia y a la vez, una mujer que trabaja fuera del hogar. Solamente haga un examen y piense en las serias tensiones que experimenta cuando se está sobre involucrado. Piense en cómo se siente cuando tiene muchas deudas que pagar, demasiadas presiones en el trabajo y en la familia.

Ahora, por un momento, reflexione en las excesivas presiones que tiene su esposa. Recuerde que tiene un mundo de obligaciones que diariamente configuran su lista de cosas por hacer y que muchas veces es imposible cumplir. Comprenda que las presiones que experimenta su esposa no son nada comparadas con las que usted siente, una presión no lo es por lo grande que sea, sino por cuanto nos angustia y cuanta resistencia tenemos.

Recuerde que cada persona es diferente y todos tenemos diferente capacidad y resistencia para lidiar con las presiones personales. Sea consciente que existen razones para que se sienta alterada, fatigada, y a veces, también decepcionada y que además, posee una gran sensibilidad que es afectada por cosas que a nosotros no nos afectan, por ello, en vez de criticarla, sea sabio y busque la forma de ayudarla.

Determine apoyar a su esposa

Planifique las formas cómo puede ayudarla. Su esposa necesita que usted reconozca lo que hace, de manera que dedique tiempo para alabar los logros que consigue.
Posee virtudes que tienen que ser reconocidas y defectos que tienen que ser confrontados pero con sabiduría y en el momento oportuno. No se enfoque sólo en sus actitudes negativas, recuerde que también debe tener algo positivo.Tal vez siente rechazo por la situación conflictiva que vive, pero aunque tenga la vista nublada por el dolor que provocan los conflictos, recuerde que cuando pasan por buenos momentos, usted aprecia sus virtudes.

Sin duda su esposa tiene más de alguna virtud y es digna de ser alabada por ella. Haga una lista de sus cualidades y mencione cuán importante es el respaldo que ella le otorga. La mujer brinda un apoyo maravilloso por el solo hecho de estar en casa y ser una madre amorosa para sus hijos; mucho más cuando agrega a las obligaciones del hogar, su deber de salir a trabajar a otro sitio.

Tristemente, existen hombres que no han aprendido a motivar, ni son capaces de apreciar o simplemente no quieren expresar su gratitud y cariño a su esposa. Aprenda a ser agradecido, a expresar con palabras la gratitud lo que siente por el trabajo difícil que realiza. Una palabra de estímulo bien expresada es más benéfica que mil pensamientos lindos que nunca se comunican. Sin duda en su mente sabe reconocer lo que ella hace, pero no es sabio que nunca lo exprese. No racionalice pensando que no es necesario hacerlo, debe recordar que todo ser humano es tocado por la gratitud y las mujeres necesitan palabras de estímulo.

Recuerde que cada persona necesita saber que es apreciada y respetada por la forma como cumple sus responsabilidades. En nuestros lugares de trabajo satisfacemos la necesidad de reconocimiento cuando recibimos un aumento de sueldo, o recibimos el elogio de los jefes y la admiración de las personas con quienes compartimos nuestra labor. Las mujeres que cumplen responsabilidades pesadas en el hogar esperan recibir estímulo de sus esposos, pero pocos reconocen el sacrificio y el trabajo duro que ellas realizan.

Ellas necesitan el reconocimiento. Las esposas más amargadas son las que todos los días trabajan solas hasta el agotamiento y sus maridos nunca tienen palabras de aprecio por la dura labor realizada. La mujer que se siente despreciada por la persona que debería tratarla con más ternura, se sentirá frustrada. Esta desilusión se agrava si se siente mal consigo misma. Si no tiene una relación valiosa fuera de su entorno, ni existe un jefe que aprecia lo que hace y en el hogar su marido no aprecia su labor, se sentirá cada vez menos importante. Poco a poco se irá hundiendo en un abismo de amargura.

Es cierto que las mujeres no deberían derivar su auto estima de lo que otros creen, pero generalmente la deducen de lo que su marido piensa. Los esposos debemos amarlas y respetarlas, pero a la vez guiarlas para que entiendan que la fuente de aumento de la estimación propia debe ser su Creador. Si ella le da la importancia a lo que Dios piensa y demanda, vivirá una vida de equilibrio, con propósito y por ende, de realización personal. Dios conoce nuestra dignidad, sabe que la mujer es delicada y merece respeto y ternura.

Él la trata como a una hija que ama, a veces la corrige con autoridad y firmeza, pero también le da fortaleza, animo, consuelo y apoyo. Cuando una mujer aprende a darle importancia a Dios, a vivir para Él, a obedecer los mandamientos divinos, cuando asimila el sometimiento a los principios sabios e infalibles del Señor que le ama, tiene todo el potencial para ser lo que Dios planificó que fuera.

Una mujer que ama sinceramente a Dios y se siente amada por Él, que es mayordoma de su vida como se lo indica, no hace con los demás nada prohibido por el Señor, ni permite a los demás hacerlo con ella, vivirá con contentamiento y sabiduría a pesar de la infelicidad y necedad que proyecten todos los que le rodean.

Para esa mujer, su realización no depende de tener las cosas que anhela, de vivir las circunstancias adecuadas o estar con las personas ideales, sino que su contentamiento depende de lo que Dios anhela, experimentar las circunstancias soberanamente permitidas por Él y ser la persona apta que sabe relacionarse con los demás aunque actúen inadecuadamente.

Su esposa es una mujer con virtudes y defectos.
Es cierto que ella no siempre está acertada,
pero tampoco siempre está equivocada.
Aprenda a tener con ella una gran empatía, no solo comprenderá su difícil situación, sino que su buena actitud y apoyo le evitarán una mayor preocupación.

CONCLUSIÓN

"Conocer y amar a Dios, a uno mismo y a su esposa es una de las más difíciles, hermosas y fructíferas búsquedas que el hombre casado debe realizar.

Amar a nuestras esposas de la forma extraordinaria como Dios nos ama, nos permite vivir realizados y ser hombres sabios y amorosos"

CONCLUSIÓN

Desarrollar nuestra vida matrimonial conforme a lo que hemos aprendido o de acuerdo a nuestras ideas y pasiones es una de las peores equivocaciones. Por eso me encanta la Biblia y su mensaje pues en ella encuentro el consejo de Dios para una existencia fructífera, cualquiera sea mi condición económica, educación o estado civil.

Uno de los versículos bíblicos que más ha impactado mi vida es el siguiente: *"Vosotros, maridos, igualmente, vivid con ellas sabiamente, dando honor a la mujer como a vaso más frágil, y como a coherederas de la gracia de la vida, para que vuestras oraciones no tengan estorbo"*. (1 Pedro 3:7).

Hubo un tiempo de mi existencia en que no asocié mi vida espiritual y menos mi relación con Dios con el trato dado a mi esposa cuando este versículo impactó mi vida me ayudó a entender que debido a los obstáculos que yo creaba para tener una relación saludable con mi esposa, formaba también una barrera en mi amistad con Dios. De allí en adelante he enseñado que la relación con nuestra esposa es la más importante, después de nuestra comunión con Dios.

Es decir, no debe existir nadie más importante en este mundo que mi esposa. Según esta enseñanza bíblica, Dios sencillamente me manda a vivir con mi esposa. No hay ninguna complicación para entender lo que esto significa. Pasar tiempo, disfrutar de la vida, comer y pasear, compartir las labores del hogar, criar juntos a nuestros hijos, conversar y tener intimidad. En palabras sencillas, debo ser parte de su vida. Pero el secreto para que esta convivencia constante sea saludable está en la palabra que agrega el apóstol Pedro cuando dice: *"Vivid con ellas sabiamente"*.

Nuestra labor como maridos amorosos es aprender a ser sabios para que todo lo que hagamos con nuestra esposa sea realizado con sabiduría. Esta es la razón importante de este libro, porque le ha enseñado a conocer a su esposa y ahora la puede comprender mejor y no tiene excusa para evitar elevar su relación conyugal a un nivel superior.

Recuerde que es imposible relacionarnos con sabiduría con la persona que amamos, sin conocerla íntimamente y tampoco lo lograremos de manera saludable con Dios, sin tratar a nuestra esposa sabiamente.

Nuestras oraciones pueden ser estorbadas si no tenemos un trato sabio con nuestra esposa, así que cuando tenemos una relación enfermiza, no debemos tratar de cambiar a nuestra compañera o a nosotros únicamente orando, pues si nuestra relación no es la debida, mi oración está siendo impedida.

Después de esta lectura, querido lector ¿Conoce usted mejor a su esposa? ¿Está dispuesto a aplicar las enseñanzas recibidas? ¿A ser el esposo sabio y amoroso que Dios quiere que sea y ella necesita para disfrutar las bendiciones de la vida de obediencia?

Conclusión

"La Biblia dice que debemos vivir con nuestras esposas sabiamente y tratarlas con honor constantemente pues si estas verdades son rechazadas, nuestras oraciones serán estorbadas. Esto significa que es imposible relacionarnos con sabiduría con la persona que amamos, sin conocerla íntimamente y tampoco lo lograremos de manera saludable con Dios, sin tratar a nuestra esposa sabiamente. Determine no solo conocer a su esposa profundamente, sino vivir con ella con sabiduría pues es digna de honra, es tierna, frágil y coheredera de la gracia de la vida".

*"Maridos, amad a vuestras mujeres,
y no seáis ásperos con ellas".*
(Colosenses 3:19).

"Porque si alguno no provee para los suyos, y mayormente para los de su casa, ha negado su fe, y es peor que un incrédulo".
(1 Timoteo 5:8).

"Así también los maridos deben amar a sus mujeres como a sus mismos cuerpos. El que ama a su mujer, a sí mismo se ama. Porque nadie aborreció jamás a su propia carne, sino que la sustenta y la cuida, como también Cristo a la iglesia".
(Efesios 5:28-29).